MEWUJUDKAN MURID MURID RADIKAL

Manual untuk memudahkan murid dalam kumpulan kecil, gereja rumah, dan perjalanan misi jangka pendek, yang membawa kepada pergerakan gereja-penanaman.

Mewujudkan Murid Murid Radikal

Manual untuk memudahkan murid dalam kumpulan kecil, gereja rumah, dan perjalanan misi jangka pendek, yang membawa kepada pergerakan gereja-penanaman.

Oleh Daniel B. Lancaster, Ph.D.

Diterbitkan oleh: T4T Akhbar

Cetakan pertama, 2011

.Semua hak tersedia. Tiada bahagian daripada buku ini boleh diterbitkan semula atau ditukar dalam apa bentuk atau dengan apa-apa cara, elektronik atau mekanikal, termasuk fotokopi, rakaman atau oleh mana-mana storan maklumat dan sistem dapatan semula, tanpa kebenaran bertulis daripada pihak penulis, kecuali untuk dimasukkan petikan singkat dalam kajian semula.

Kitab-kitab petikan bertanda (CEV) adalah dari Copyright Versi Kontemporari Bahasa Inggeris © 1995 oleh American Bible Society. Digunakan dengan kebenaran.

Data Pengkatalogan-dalam-Penerbitan Perpustakaan Kongres

Lancaster, Daniel B.

Membuat Radikal Murid-murid: manual untuk memudahkan murid-membuat dalam kumpulan kecil, gereja-gereja rumah, dan perjalanan misi jangka pendek, yang membawa kepada pergerakan gereja-penanaman / Daniel B. Lancaster..

Includes.

ISBN 978-1-9389209-2-9

Semua petikan kitab, melainkan dinyatakan sebaliknya, yang diambil dari Kitab Suci, BARU ANTARABANGSA VERSI ®, NIV ® hak cipta © 1973, 1978, 1984 oleh International Bible Society. Digunakan oleh kebenaran Zondervan.

Petikan kitab bertanda (TLD) adalah dari Kitab Suci, Hidup Terjemahan Baru, Copyright © 1996, 2004, yang digunakan dengan izin Tyndale House Publishers, Inc., Wheaton, Illinois, 60189.

Petikan kitab yang bertanda (NASB) dari AMERICAN BARU STANDARD BIBLE ®, Copyright © 1960, 1962, 1963, 1968, 1971, 1972, 1973, 1975, 1977, 1995 oleh Yayasan Lockman

Scripture quotations marked (HCSB) are from the Holman Christian Standard Bible® Copyright © 2003, 2002, 2000, 1999 by Holman Bible Publishers

Kitab-kitab petikan bertanda (CEV) adalah dari Copyright Versi Kontemporari Bahasa Inggeris © 1995 oleh American Bible Society. Digunakan dengan kebenaran.

Data Pengkatalogan-dalam-Penerbitan Perpustakaan Kongres

Lancaster, Daniel B.

Membuat Radikal Murid-murid: manual untuk memudahkan murid-membuat dalam kumpulan kecil, gereja-gereja rumah, dan perjalanan misi jangka pendek, yang membawa kepada pergerakan gereja-penanaman / Daniel B. Lancaster..

Cadangan

"Terdapat keperluan untuk buku-buku yang melihat pengembangan misi dan pertumbuhan gereja melalui mata pengalaman dan dedikasi. Ikuti Latihan Isa adalah satu siri. Ia memudahkan strategi Isa untuk sampai ke negara-negara dunia hari ini.

Buku ini ditulis oleh seorang pengamal, bukan sekadar teori. Anda akan menjadi lebih kaya dari setelah membaca dan belajar Ikuti Latihan Isa, pendekatan segar dari pen veteran mubaligh Dan Lancaster."

Roy J. Ikan
Profesor Emmeritus
Southwestern Baptist Theological Seminary

Mencari sesuatu yang praktikal untuk membuat murid-murid pencari dan orang-orang yang beriman baru dalam mana-mana kumpulan budaya? Inilah dia!

Tiga hari, discipleship latihan manual yang begitu mudah untuk mengikuti bahawa murid-murid baru boleh menggunakannya untuk melatih orang lain, seterusnya, untuk segera ketaatan, kasih sayang kepada perintah Yesus. Lancaster dan telah diambil tan pengalaman, amalan terbaik dan Kitab Suci, dan meletakkan mereka ke dalam alat bahawa saya akan dibawa dengan saya."

Galen Currah
Paul Timothy Jurulatih beredar Perunding
www.Paul-Timothy.net

"Pendekatan yang jelas dan berulang-ulang bahan-bahan ini discipleship menyediakan satu rangka kerja yang berkesan untuk penganut yang baru understandingand menguasai asas-asas iman, dan perkongsian dengan orang lain yang dia sedang belajar."

Clyde D. Meador
Naib Presiden Eksekutif
Antarabangsa Misi Lembaga, SBC

"Saya telah mengajar bahan ini kepada 100 pemimpin-pemimpin di sini di Amerika dan saya sentiasa mendapat yang sama dua replies, 'Ini adalah begitu mudah' dan 'saya ingin saya telah diajar ini tahun lalu.' Kebenaran di dalam buku panduan ini adalah virus, praktikal, terbukti dan berkesan dalam membuat murid-murid yang membuat murid-murid. Saya cadangkan ia sepenuh hati!"

Roy McClung
Dakwah / Perunding
www.MaximizeMyMinistry.com

Cadangan

"Ini adalah satu katekese untuk dunia PKM. Ia adalah sebuah aplikasi mudah proses berskala untuk menyediakan rangka kerja asas untuk kehidupan yang berhasil daripada discipleship. Ia diisi dengan tips, berharga dan latihan praktikal."

Curtis Sarjan
Naib Presiden untuk Strategi Global
E3 Pasangan Kementerian
www.e3partners.org

"Berikutan Buku Latihan Isa Satu - Membuat Disciples Radikal jenis alat discipleship praktikal bahawa orang-orang yang beriman baru di seluruh dunia boleh gunakan untuk menubuhkan asas mereka dalam Yesus mengajar orang-orang yang beriman untuk mengasihi Tuhan dengan segenap hati mereka, jiwa minda, dan kekuatan..juga menyediakan alat bahawa orang-orang yang beriman baru serta lebih banyak orang-orang yang beriman matang boleh digunakan sebagai mereka berkomunikasi cinta Kristus.

Dari satu hari nanti, pelajar membangunkan satu keprihatinan terhadap dunia yang hilang dan mati. Lain kereta api pelatih untuk berkongsi apa yang mereka pelajari kerana mereka mara ke kawasan kegelapan dengan cahaya Isa. Ia adalah praktikal, mesra pengguna, alkitabiah, dan berani."

Gerald W. Burch
mubaligh Emeritus
Antarabangsa Misi Lembaga, SBC

"Dan Lancaster telah menyediakan satu kaedah yang mudah, alkitabiah, dan disalin untuk menghasilkan radikal pengikut Kristus. Apa lagi yang anda cari? Dan menggunakan lapan gambar mudah Isa untuk membantu orang-orang yang beriman berkembang dalam Tuhan. Prinsip-prinsip ini telah diuji dalam pijarpengalaman misi dan akan bekerja untuk anda."

Ken Hemphill
Strategi Kebangsaan bagi Memperkasa Pertumbuhan Kingdom
Pengarang, Yang di-Pertua, Pakar Perunding Pertumbuhan dan
Profesor Pertumbuhan Penginjilan dan Gereja

"Saya telah menggunakan bahan ini di Filipina dan menyayangi kerana IT WORKS. Saya bertanya kepada pelatih saya kenapa mereka suka bahan dan mereka menjawab," Kerana orang-orang yang kita mengajar boleh melatih orang lain juga! "Ini adalah nilai yang hebat dalam pelajaran ini mudah ... mereka Semula.

Kita telah melihat peguam, doktor, kolonel Tentera, ahli perniagaan, janda, dan pengawal di pintu masuk, berpendidikan dan tidak berpendidikan semua penggunaan bahan ini untuk melatih orang lain yang latihan walaupun orang lain."

Darrel Seale
Mubaligh di Filipina

"Sebagai seorang penanam gereja kerjaya dalam kedua-dua kawasan bandar dan luar bandar Thailand selama lebih 30 tahun, terlalu kerap saya melihat" gereja atrophied "- mereka yang terus bergantung kepada pemimpin luar untuk kebanyakan khasiat rohani mereka Keadaan ini disebabkan sebahagian besarnya kerana merekayang ditanam mereka gereja menggunakan kaedah pengajaran yang berorientasikan barat yang tidak dapat dihasilkan semula oleh orang-orang yang beriman

Cadangan

kebangsaan Beberapa orang-orang gereja yang pernah diterbitkan semula diri mereka - mereka telah lumpuh sejak lahir!

Manual latihan ini memberikan kita dua kunci untuk menjamin bahawa Firman akan lulus dari mukmin terhadap mukmin: kesederhanaan kebolehulangan dan pengulangan ".

Jack Kinnison
mubaligh Emeritus
Antarabangsa Misi Lembaga, SBC

"Isa berkata bahawa sesiapa yang mahu menjadi murid itu, dia mesti" menafikan dirinya dan mengambil salib itu dan ikut dia. "Sebagai seorang guru, bapa, paderi dan mubaligh, Dan Lancaster memahami keperluan asas dan tidak dapat diganti discipleship. Latihan iniberharga, strategik dan sesuai untuk kampung jauh serta bilik darjah universiti.

Panggilan kepada discipleship adalah universal dan Dr. Lancaster telah mencipta satu alat yang boleh diguna dan dihasilkan semula dalam setiap budaya dan penetapan. Menggunakan kaedah pengajaran yang mudah dan pepejal, FJT membuat latihan discipleship keriangan dan kenangan. Mengikuti Latihan Isa adalah keseluruhan pakej untuk murid-murid: alkitabiah, disalin, praktikal, dan mendarabkan "

Bob Butler
Pengarah negara
Koperasi Perkhidmatan International
Phnom Penh, Kerajaan Kemboja

Dr Dan Lancaster telah dikaji dengan teliti bukan sahaja kitab Injil tetapi juga budaya. Dia telah memberikan kita satu proses yang mudah dan do-mampu untuk membantu orang bertumbuh kuat dalam Tuhan yang berikut kaedah Isa tanpa menjadi "program berorientasikan". Ini proses untuk Jemaat House adalah berpusatkan Kristus dan pengikut berorientasikan. Saya sangat memuji proses ini dan berdoa ia akan melangkaui budaya House Gereja dan juga digunakan di dalam gereja tradisional di Amerika Utara."

Ted Elmore
Strategi doa dan Bidang Strategi Kementerian
Baptist selatan Texas Konvensyen

Kandungan

Cadangan 3
Perutusan 11
Penghargaan 13
Pengenalan 15

Part 1: Salad Dan Berani

Isa Strategi 23
Latihan Jurulatih 31
Ibadat mudah 39

Parte 2: Latihan

Alu-Aluan 51
Pendaraban 61
Cinta 77
Berdoa 89
Ketaatan 103
Berjalan 119
Pergi 135
Saham 147
Menyemai 163
Ambil Masa 175

Bahagian 3: Rujukan

Kajian yang lebih lanjut	185
Nota Akhir	187
Lampiran A	189
Lampiran B	191
Lampiran C	201

Perutusan

"... Dan mengajar mereka untuk mematuhi segala sesuatu sekalipun yang telah Kuperintahkan kepadamu."

Kata-kata ini penutup kepada Suruhanjaya Great kekal sebagai penting dan mencabar bagi kita hari ini kerana mereka adalah apabila Kristus yang pertama dikeluarkan mereka 2,000 tahun lalu. Apakah maknanya untuk mematuhi segala perkara bahawa Kristus memerintahkan? Rasul Yohanes memberitahu kita bahawa jika kita untuk menulis segala-gala Isa berkata dan melakukan, ia akan mengisi semua buku dunia (John 21:25). Sudah tentu, Yesus mempunyai ringkas lebih sesuatu fikiran. Di bahagian salah satu daripada Ikuti Latihan Isa, sari kata Membuat Radikal Murid-murid, Dan Lancaster telah disediakan Injil lapan gambar Jesus, yang apabila ditiru, boleh mengubah pengikut Kristus menjadi pengikut seperti Kristus.

Dalam Membuat Disciples Radikal, Dan bertujuan lebih tinggi daripada hanya mengeluarkan satu lagi buku kira-kira discipleship. Dan menetapkan matlamat untuk mewujudkan sebuah gerakan discipleship pendaraban. Untuk tujuan ini, beliau menghabiskan masa selama empat tahun pengukiran, menguji, menilai, dan menyemak semula program discipleship beliau sehingga beliau melihat ia bukan sahaja mengubah orang-orang yang beriman baru kepada murid-murid seperti Kristus, tetapi juga mengubah murid-murid yang terlatih ini ke dalam pembuat pengikut sendiri yang berkesan.

Selepas membangunkan sistem discipleship ini, Dr. Lancaster telah dilakukan seluruh badan perkhidmatan Kristus oleh pemeluwapan pelajaran ini ke dalam format yang mesra pengguna, disalin yang boleh menyesuaikan diri dengan persekitaran mana-mana budaya di dunia. Membuat Disciples Radikal adalah sumbangan yang dinamik kepada usaha yang tidak berkesudahan menjadi seperti Isa dan mendarabkan kerajaan Kristus melalui murid-murid baru di seluruh dunia.

Membuat murid-murid dalam usia yang kaya dengan cara dunia ini tidak mudah, tetapi tidak mustahil, dan ia tidak pilihan. Sebagai anda menyelam kepada pengikut-pengikutnya Dan Lancaster Membuat Radikal, anda akan bertemu rakan-rakan dan pengikut pembuat pengikut yang boleh menunjukkan kepada anda pelan tindakan yang diuji dan terbukti untuk perjalanan akan datang.

David Garrison
Chiang Mai, Thailand
Pengarang - Gereja-Penanaman Pergerakan: Bagaimana Tuhan Adakah Penebusan Lost World

Penghargaan

Terima kasih kepada ahli-ahli tiga gereja di Amerika di mana Ikuti Latihan Isa bermula 15 tahun lalu: Gereja Komuniti Alkitab, Hamilton, Texas (loji gereja luar bandar); Perjanjian Baru Baptist Gereja, Kuil, Texas (gereja berfokuskan discipleship yang mantap); dan Highland Fellowship, Lewisville, Texas (loji gereja pinggir bandar). Sejak beberapa tahun kebelakangan ini, kita lihat FJT berkembang 4-7, dan akhirnya lapan, gambar Kristus. Kami berkongsi banyak bersama-sama, dan kasih sayang dan doa anda telah menyebabkan keberhasilan kepada bangsa-bangsa!

Rakan kongsi kebangsaan di negara-negara Asia Tenggara beberapa membantu menghalusi dan melaksanakan Ikuti Latihan Isa di peringkat antarabangsa. Kerana kebimbangan keselamatan dan keselamatan di negara-negara ini, saya tidak dapat mendedahkan nama-nama mereka. Khususnya, sekumpulan tiga warga membantu bidang-menguji latihan dan terus melatih generasi berikutnya murid-murid untuk melatih kakitangan lain.

Terima kasih kepada peserta-peserta latihan ramai yang memberikan sokongan, maklum balas, dan galakan doa sepanjang proses pembangunan empat tahun di Asia Tenggara. Anda telah membantu memberi tumpuan dan meningkatkan latihan dengan cara yang signifikan.

Setiap daripada kita adalah produk pelaburan mentor dan pengalaman hidup. Saya ingin mengucapkan terima kasih Capps Ronnie Wah, Dr. Roy J. Ikan, Rev Craig Garison, Dr. David Garison, Dr. Elvin McCann, Rev Dylan Romo, dan Dr. Thom

Wolf untuk kesan mereka telah pada saya hidup sebagai pengikut Hazrat Isa.

Terima kasih khas kepada Drs. George Patterson dan Galen Currah beberapa jumlah besar pembelajaran aktif dalam latihan ini.

Akhir sekali, saya mengucapkan terima kasih kepada keluarga saya di atas sokongan dan galakan mereka. Anak-anak saya, Jeff, Zach, Karis, dan Zane, terus menjadi sumber berkesudahan iman, pengharapan, dan kasih sayang.

Holli, isteri saya, melakukan kerja yang luar biasa membaca manuskrip banyak kali dan cadangan yang menawarkan. Tambah beliau beberapa idea yang baik dari seminar latihan dia telah membawa dan telah menjadi suatu lembaga yang berbunyi setia bagi kebanyakan konsep, diketuk lebih lima belas tahun yang lalu.

Semoga Allah memberkati anda semua, seperti yang kita terus membangunkan ghairah, pemimpin kerohanian dan membawa penyembuhan kepada bangsa-bangsa!

Daniel B. Lancaster, Ph.D.
Asia Tenggara

Pengenalan

Selamat Datang untuk Membuat Murid-murid yang radikal, satu bahagian Latihan Isa Follow (FJT)! Semoga Allah memberkati dan makmur anda kerana anda mengikuti Anak beliau. Keberhasilan kementerian anda boleh meningkatkan 100 kali ganda seperti yang anda berjalan perlahan-lahan dengan Yesus melalui kumpulan orang unreached anda (LMN).

Manual yang anda pegang di tangan anda adalah satu sistem latihan yang lengkap berdasarkan strategi untuk mencapai dunia Isa. Ia adalah hasil dari tahun penyelidikan dan ujian dalam kedua-dua Amerika Utara dan Asia Tenggara. Sistem ini bukan teori, tetapi amalan. Menggunakannya untuk membuat perbezaan sebenar dalam dunia kamu dalam misi anda dengan Tuhan. Kami telah dan anda boleh juga.

Selepas memulakan sebuah gereja luar bandar dan sebuah gereja di pinggir bandar di Amerika, keluarga kita mengesan panggilan ke Asia Tenggara kepada pemimpin jurulatih dan kereta api. Saya telah penanam gereja di Amerika selama lebih sepuluh tahun' dan telah melatih penanam gereja lain juga. Bagaimana keras ia boleh bergerak di luar negara dan melakukan perkara yang sama di sana? Keluarga kita meninggalkan untuk bidang misi dengan keangkuhan dan harapan yang tinggi.

Dalam pembelajaran bahasa, saya mula untuk melatih orang lain dengan rakan kongsi negara. Kami bermula dengan menawarkan kursus latihan satu minggu discipleship asas dan penanaman gereja. Biasanya, 30-40 pelajar akan datang untuk latihan. Mereka sering mengulas mengenai bagaimana baik pengajaran dan berapa banyak mereka menghargai pengajaran kami. Walau bagaimanapun, satu perkara mula mengganggu saya: ia adalah jelas bahawa mereka tidak mengajar orang lain apa yang mereka telah belajar.

Kini di Amerika, anda boleh "pergi dengan mereka tidak mengajar orang lain" kerana ada (atau telah) pemahaman alkitab di pusat budaya kita, walaupun di kalangan kehilangan orang. Di Asia Tenggara, walau bagaimanapun, tiada pemahaman alkitab wujud di kalangan yang hilang. Di Amerika, anda mungkin menghitung kepada fakta bahawa orang ini akan mungkin bertemu dengan satu lagi Kristian yang akan mempengaruhi mereka; di padang misi, tiada jaminan yang wujud.

OK, jadi di sini kita berada dalam keadaan serba salah. Kami mengajar rakyat apa yang kita rasa adalah "bahan yang baik," tetapi mereka tidak mengeluarkan semula. Malah, ia seolah-olah seperti kami telah menarik "penonton seminar profesional." Hakikat bahawa kita menyediakan makanan di latihan selama seminggu di sebuah negara yang terharu dengan kemiskinan dibelenggu keputusan, terlalu. Apa yang berlaku seterusnya terkejut dan merendah diri saya.

Selepas satu peristiwa latihan kami, saya duduk di teashop dengan pentafsir saya dan bertanya kepadanya satu soalan mudah:

"John. Berapa banyak latihan kita lakukan minggu ini adakah anda fikir orang - orang kampung sebenarnya akan melakukan dan melatih orang lain untuk berbuat? "

John memikirkan untuk beberapa ketika dan saya boleh katakan kepada beliau tidak mahu menjawab saya. Dalam budaya, pelajar tidak harus kritikan seorang guru dan beliau merasakan seperti yang adalah apa yang saya telah meminta beliau untuk berbuat. Selepas perbualan dan jaminan daripada saya, beliau memberikan respons yang mengubah segala-galanya:

"Dr. Dan, saya fikir mereka akan lakukan kira-kira 10 peratus daripada apa yang anda mengajar mereka ini minggu lalu. "

Saya terpegun dan cuba untuk tidak menunjukkan. Sebaliknya, saya bertanya John satu lagi soalan yang memulakan proses kita akan mengikuti bagi tahun dua setengah seterusnya:

"John, anda boleh menunjukkan saya sepuluh peratus anda berfikir mereka akan lakukan atau lakukan? Rancangan saya adalah untuk memastikan bahawa sepuluh peratus, membuang yang lain, dan menulis semula latihan sehingga mereka melakukan semua yang kita melatih mereka untuk berbuat demikian. "

John menunjukkan kepada saya peratus sepuluh beliau percaya mereka benar-benar ingin lakukan. Kita dibuang yang lain dan menulis semula latihan untuk mesyuarat yang akan datang. Satu bulan kemudian, kami menawarkan satu lagi latihan selama satu minggu itu dan saya bertanya John soalan yang sama selepas itu: Apakah peratus yang mereka akan lakukan?

John berkata, "Dr. Dan, saya cukup yakin mereka akan melakukan lima belas peratus daripada apa yang anda mengajar kali ini."

Saya adalah membisu. Apa yang John tidak tahu bahawa saya telah ditulis semula latihan dari bulan sebelumnya, meletakkan di "terbaik dari yang terbaik" semua yang saya telah belajar sebagai seorang pastor di Amerika dan manakala penanam kejurulatihan gereja lain. Bahawa seminar mempunyai yang terbaik saya terpaksa memberi ... dan pelajar hanya akan melakukan 15 peratus daripada jumlah itu!

Dengan itu bermulalah proses yang kita digunakan untuk dua setengah tahun, penapisan dan membangunkan sistem Ikuti Latihan Isa. Setiap bulan, kami mengajar satu seminar satu minggu dan mempunyai sesi maklum balas selepas seminar tersebut adalah lengkap. Satu soalan berpandukan usaha kami: apa peratus daripada apa yang kita mengajar mereka yang mereka akan lakukan (atau sedang melakukan) kerana latihan?

Menjelang bulan ketiga, peratusan kami meningkat kepada 20 peratus; bulan depan, ia pergi ke 25. Beberapa bulan, kita tidak mencapai kemajuan di semua. Bulan-bulan lain, kita melonjak ke hadapan. Sepanjang fasa pembangunan, bagaimanapun, satu prinsip yang jelas muncul. Yang lain yang lebih banyak kita terlatih untuk mengikut contoh Yesus, semakin besar kemungkinan mereka untuk melatih orang lain untuk melakukan perkara yang sama.

Saya masih ingat John hari dan warganegara lain yang berkongsi dengan saya bahawa orang yang kita telah dilatih melakukan 90 peratus daripada apa yang kita telah mengajar mereka lakukan. Kami telah lama sejak meninggalkan kaedah barat, kaedah Asia kami, latihan PhD kami, pengalaman kami, dan belajar untuk percaya hanyalah contoh Yesus meninggalkan kita untuk mengikuti.

Itulah cerita bagaimana Ikuti Latihan Isa (FJT) datang ke. Membuat Disciples Radikal adalah satu sistem latihan hands-on, yang melengkapkan orang-orang yang beriman untuk mengikuti lima langkah strategi Isa untuk mencapai negara-negara yang dilihat dalam Injil, buku Akta Epistles dan sejarah Gereja. Matlamat perjalanan latihan adalah maklumat transformasi dan tidak. Untuk sebab itu, pengajaran adalah mudah "benih" kebenaran-kebenaran kerohanian yang utama, apa yang lebih, mereka sangat diulang. Mereka mengikut prinsip rohani, "ragi sedikit leavens seluruh gumpalan" dan memberi kuasa kepada orang-orang yang beriman untuk menjadi membiak, pengikut ghairah Kristus.

Mengajar bahan di dalam buku panduan ini, seperti yang sedia ada, tanpa mengubah apa-apa (selain daripada menyesuaikan latihan kepada persekitaran budaya di mana anda bekerja), sekurang-kurangnya lima kali, Bayangkan pasukan latihan berjalan bersebelahan dengan anda, membimbing anda lima kali pertama anda memudahkan ini latihan. Membuat Disciples Radikal mempunyai beberapa dinamik lebih Melengkung di bahagian yang tidak jelas sehingga anda mempunyai lain terlatih beberapa kali langkah-demi-langkah. Setakat ini, kami telah melatih beribu-ribu individu (orang-orang yang beriman dan orang-orang kafir), dengan bahan ini di Asia Tenggara dan Amerika. Ikut cadangan ini untuk mengelakkan kesilapan yang lain telah sudah dibuat! Ingat: seorang lelaki pintar belajar dari kesilapan beliau, seorang lelaki yang bijaksana belajar daripada kesilapan orang lain.

Apabila anda mula, kita mesti berkongsi dengan anda yang Ikuti Latihan Isa telah berubah kita banyak kerana ia telah berubah sesiapa yang kami telah melatih. Tuhan boleh melakukan perkara yang sama dan dengan banyaknya dalam hidup anda!

Part 1
Salad Dan Berani

Isa Strategi

Strategi Isa untuk mencapai bangsa-bangsa melibatkan lima langkah: menjadi kuat dalam Tuhan, berkongsi injil, membuat murid-murid, bermula kumpulan yang membawa kepada gereja, dan membangunkan pemimpin. Setiap langkah berdiri sendiri, tetapi juga menguatkan langkah lain dalam proses pekeliling. Bahan di FJT memberi kuasa kepada pelatih untuk menjadi pemangkin bagi pergerakan sebuah gereja penanaman di kalangan rakyat mereka dengan mengikuti Yesus.

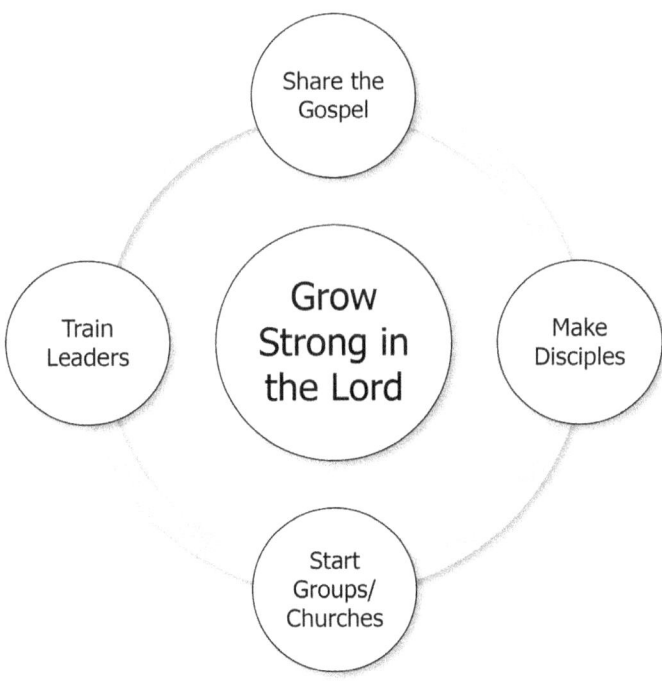

menanam pergerakan di kalangan rakyat mereka dengan mengikuti Yesus.

Membuat Disciples Radikal menangani tiga langkah pertama: Grow kuat dalam Tuhan, Kongsi Injil, dan Buat Murid-murid. Pelajar diberi visi untuk pendaraban dan dilatih bagaimana untuk memimpin kumpulan kecil, berdoa, patuhi perintah Yesus, dan berjalan di dalam kuasa Roh Kudus (Grow Kuat dalam Tuhan). Pelajar kemudian menemui cara untuk menyertai Tuhan di mana sahaja mereka mungkin

bekerja; mereka belajar bagaimana untuk berkongsi kesaksian mereka, menyemai injil, dan berkongsi wawasan dengan orang lain bagi penggandaan di kalangan rakyat mereka (Kongsi Injil). Menamatkan kursus memberi pelajar alat untuk membuat murid-murid (langkah 3) dan membimbing mereka kepada kumpulan.

Pelajar yang setia kepada orang lain kereta api yang menggunakan Membuat Disciples Radikal boleh terus dengan sama ada Bermula Gereja Radikal atau Latihan Pemimpin radikal, bergantung kepada keperluan mereka. Bermula Gereja Radikal adalah satu sistem latihan yang direka untuk memberi kuasa gereja untuk memulakan kumpulan baru dan gereja-gereja (langkah keempat dalam strategi Isa), yang membawa kepada pergerakan sebuah gereja penanaman. Latihan Pemimpin Radikal adalah satu sistem latihan yang diwujudkan untuk membangunkan ghairah, pemimpin rohani (langkah kelima dalam strategi Isa), juga menuju ke arah matlamat akhirnya pergerakan sebuah gereja penanaman. Kedua-dua sistem latihan meneroka kementerian dan kaedah Isa, memberikan pelajar mudah, alat diulang bahawa mereka boleh menguasai dan berkongsi dengan orang lain.

Kitab-kitab berikut mengesahkan lima langkah yang disebutkan di atas dalam kementerian Isa. Strategi Petrus dan Paulus menunjukkan bahawa mereka ditiru Isa dengan mengikuti pola yang sama. Latihan Isa mengikuti membolehkan kami untuk melakukan perkara yang sama.

ISA

TEGUH DALAM TUHAN

— Lukas 2:52 - Dan Isa meningkat dalam ilmu dan kegagahan tubuh, dan memihak dengan Tuhan dan manusia

BERKONGSI KITAB INJIL DIPAPARKAN

— Mark 1:14, 15 - Kemudian, selepas John ditangkap, Yesus pergi ke Galilea, di mana beliau mengajar Berita Baik Allah. "Masa yang dijanjikan oleh Allah telah datang akhirnya!" Beliau mengumumkan. "Kerajaan Allah sudah dekat! Bertaubat daripada dosa-dosa kamu dan percaya Berita Baik! "(TLD)

JADIKAN MURID-MURID

— Mark 01:16-18 - Sebagai Isa telah berjalan sepanjang pantai Tasik Galilee, dia melihat Simon dan saudara Andrew. Mereka adalah nelayan dan pemutus jaring mereka ke dalam tasik. Yesus berkata kepada mereka, "Marilah bersama saya! Saya akan mengajar anda bagaimana untuk membawa masuk orang, bukan ikan." Hak maka kedua-dua adik-beradik turun jala-jala mereka dan pergi dengan dia. (CEV)

MULA KUMPULAN / GEREJA

— Mark 3:14, 15 - Kemudian dia dilantik dua belas daripada mereka dan memanggil mereka rasulnya. Mereka untuk mengiringi beliau, dan beliau akan menghantar mereka keluar untuk berdakwah, memberikan mereka kuasa untuk membuang keluar iblis. (TLD) (Lihat juga Mark 3:16-19, 31, 35)

KERETAPI PEMIMPIN

– *Mark 06:07-10* - *Memanggil Dua belas kepadanya, dia menghantar mereka keluar berdua-dua dan memberikan mereka kuasa atas segala roh djahat. Ini adalah arahan beliau: "Ambillah apa-apa bagi perjalanan kecuali kakitangan-tiada roti, beg tidak, dan tiada wang dalam tali pinggang anda. Pakai sandal tetapi bukan jubah tambahan. Apabila anda memasuki sebuah rumah, tinggal di sana sehingga anda meninggalkan bandar itu. (Lihat juga Mark 6:11-13)*

PETER

GROW TEGUH DALAM TUHAN

– *Kisah 01:13, 14* - *Apabila mereka tiba, mereka pergi ke bilik di tingkat atas rumah di mana mereka tinggal. Berikut adalah nama-nama orang-orang yang hadir: Peter, John, James. . . Mereka berhimpun bersama dan sentiasa bersatu dalam doa, bersama-sama dengan Maria ibu Jesus, beberapa wanita lain, dan saudara-saudara Isa. (TLD)*

BERKONGSI KITAB INJIL DIPAPARKAN

– *Kisah 02:38, 39* - *Peter berkata, "Putar kembali kepada Allah Akan dibaptiskan dalam nama Yesus Kristus, supaya dosa-dosa anda akan diampunkan Kemudian anda akan diberi Roh Kudus (CEV).*

JADIKAN MURID-MURID

– *Kisah 02:42, 43 - Mereka terus menumpukan diri mereka kepada ajaran rasul dan persahabatan, untuk berbuka roti dan sembahyang. Semua orang rasa rasa kagum; dan banyak keajaiban dan tanda-tanda telah mengambil tempat melalui rasul. (NASB)*

MULA KUMPULAN / GEREJA

– *Kisah 02:44-47 - Dan semua orang-orang yang sudah percaya akan bersama-sama dan mempunyai semua perkara yang sama; dan mereka mula menjual harta dan harta benda mereka dan berkongsi dengan semua, sama seperti orang lain mungkin mempunyai keperluan. Hari demi hari terus dengan satu fikiran di kuil, dan memecahkan roti dari rumah ke rumah, mereka mengambil makanan mereka bersama-sama dengan sukacita dan ikhlas, memuji Tuhan dan mempunyai memihak dengan semua orang dan Tuhan telah menambah ke hari bilangan mereka hari orang-orang yang telah disimpan. (NASB)*

KERETAPI PEMIMPIN

- *Akta 06:03, 4 - Dan demikian, saudara-saudara, pilih tujuh lelaki yang dihormati dan penuh Roh dan kebijaksanaan. Kami akan memberikan mereka tanggungjawab ini. Kemudian kita spostles boleh menghabiskan masa kami di dalam solat dan mengajar perkataan. (TLD) (Lihat juga Akta 06:05, 6)*

PAUL

TEGUH DALAM TUHAN

– Galatia 1:15-17 - Tetapi apabila Tuhan, yang menetapkan saya selain dari lahir dan memanggil saya dengan izin, telah berbesar hati untuk mendedahkan Anak saya supaya saya dapat berdakwah di kalangan bangsa-bangsa lain, saya tidak berunding dengan mana-mana manusia, tidak saya pergi ke Yerusalem untuk melihat orang-orang yang rasul sebelum saya, tetapi saya pergi segera ke Saudi dan kemudiannya kembali ke Damsyik.

BERKONGSI KITAB INJIL DIPAPARKAN

– Akta 14:21 - Mereka [Paulus dan Barnabas] mengajar berita yang baik di bandar itu dan memenangi sebilangan besar murid-murid. Kemudian mereka kembali kepada Lystra, Iconium dan Antioch,

JADIKAN MURID-MURID

– Kisah 14:22 - pengukuhan murid-murid dan menggalakkan mereka kekal benar iman. "Kita mesti melalui-payah untuk memasuki kerajaan Tuhan," kata mereka.

MULA KUMPULAN / GEREJA

– Akta 14:23 - Paulus dan Barnabas dilantik sebagai orang yang lebih tua untuk mereka di gereja setiap dan, dengan doa *dan puasa, yang dilakukan mereka kepada Tuhan, di mana mereka telah meletakkan kepercayaan mereka.*

KERETAPI PEMIMPIN

— Akta 16:01-3 - Dia (Paul) datang ke Derbe dan kemudian Lystra, di mana pengikut yang bernama Timothy hidup, yang ibunya adalah seorang Yahudi dan orang yang beriman, tetapi yang bapanya adalah seorang Yunani. Saudara-saudara di Lystra dan Iconium bercakap bagi pihak dirinya. Paul mahu untuk membawanya bersama-sama dalam perjalanan...

SEJARAH GEREJA

Sepanjang sejarah Gereja, proses lima langkah yang sama ini adalah jelas. Sama ada St Benedict, St Francis dari Assisi, Peter Waldo dan Waldensian, Spener Yakub dan Pietists, John Wesley Methodist, Jonathan Edwards dan golongan Puritan, Gilbert Tennant dan Baptist, Trotman Dawson dan Navigators, Billy Graham dan Rang Undang-undang moden, evangelicalism atau Terang dan Perang Salib Kampus untuk Kristus, pola yang sama akan muncul lebih dan lebih lagi.

Isa berkata, "saya akan membina gereja saya" dalam Matius 16:18. Corak ini adalah kaedah dan FJT memberi kuasa kepada orang-orang yang beriman untuk mengikuti Yesus dengan segenap hati, jiwa, minda, kekuatan dan.

Latihan Jurulatih

Seksyen ini butiran bagaimana untuk melatih tenaga pengajar dalam cara yang diulang. Pertama, kita akan berkongsi dengan anda hasil anda semunasabahnya boleh mengharapkan setelah yang lain latihan dengan Membuat Disciples Radikal. Kemudian, kita akan menggariskan proses latihan, yang termasuk 1) ibadat, 2) doa, 3) belajar, dan 4) amalan, berdasarkan hukum yang paling penting untuk anda. Akhir sekali, kami berkongsi beberapa prinsip utama dalam latihan pelatih kami telah menemui manakala beribu-ribu latihan tenaga pengajar.

Hasil

Setelah menamatkan Membuat Disciples Radikal, pelajar akan dapat:

- Didik sepuluh discipleship pelajaran asas yang berdasarkan pada Kristus kepada orang lain, menggunakan proses latihan yang diulang.
- Recall 8 gambar yang jelas menggambarkan seorang pengikut Yesus.
- Lead yang mudah, kumpulan kecil ibadah pengalaman yang berdasarkan hukum yang paling penting.
- Kongsi bukti yang kuat dan pembentangan Injil dengan penuh keyakinan.

- Hadir wawasan yang konkrit untuk mencapai orang-orang yang beriman hilang dan latihan menggunakan Akta 29 Peta.
- Mula kumpulan pengikut (sesetengah yang akan menjadi gereja) dan lain-lain kereta api untuk melakukan perkara yang sama.

PROSES

Setiap sesi berikut format yang sama. Yang disenaraikan di bawah perintah dan jadual anggaran:

PUJIAN

- 10 minit
- Tanya seseorang untuk membuka sesi, berdoa untuk berkat dan arahan Allah untuk semua orang dalam kumpulan. Mendapatkan seseorang dalam kumpulan untuk menjalani choruses beberapa atau pujian (bergantung kepada konteks anda); instrumen adalah pilihan.

SEMBAHYANG

- 10 minit
- Bahagikan pelajar kepada pasangan dengan seseorang yang mereka telah tidak menjadi rakan kongsi dengan sebelum. Rakan-rakan berkongsi dengan satu sama lain jawapan kepada dua soalan:

    1. Bagaimana kita boleh berdoa untuk orang yang hilang anda tahu diselamatkan?

2. Bagaimana kita boleh berdoa untuk kumpulan anda melatih?

- Jika seorang pelajar tidak memulakan satu kumpulan, rakan kongsi mereka perlu bekerjasama dengan mereka untuk membangunkan satu senarai kawan-kawan dan keluarga mungkin kereta api, kemudian berdoa dengan pelajar bagi orang-orang di dalam senarai mereka.

BELAJAR

Latihan Isa Follow sistem menggunakan proses berikut: Segala puji, solat, Kajian dan Amalan. Proses ini adalah berdasarkan kepada model Ibadat Mudah yang dijelaskan bermula pada halaman 33. Bagi sepuluh pelajaran di manual FJT, sesi 'Kajian' diterangkan di bawah.

- 30 minit
- Setiap seksyen "Kajian" bermula dengan "Tinjauan." Ia adalah satu kajian lapan gambar Kristus dan pengajaran yang menguasai setakat ini. Pada akhir latihan, pelajar akan dapat membaca keseluruhan latihan oleh ingatan.
- Selepas "Review," pelatih atau perantis keretapi pelajar dengan pelajaran semasa, menekankan bahawa pelajar harus mendengar rapat kerana mereka akan melatih satu sama lain selepas itu.
- Apabila jurulatih yang hadir pelajaran, mereka sepatutnya menggunakan urutan berikut:

    1. Tanya soalan.
    2. Baca Kitab.
    3. Menggalakkan pelajar untuk menjawab soalan.

Proses ini meletakkan perkataan Allah sebagai pihak berkuasa untuk hidup dan bukan guru. Terlalu kerap, guru bertanya soalan, memberi jawapan, dan kemudian menyokong jawapan mereka dengan Kitab Suci. Bahawa jujukan meletakkan guru sebagai pihak berkuasa, dan bukannya perkataan Allah.

- Jika pelajar menjawab soalan yang salah, tidak membetulkan mereka, tetapi meminta peserta untuk membaca petikan Kitab kuat dan menjawab lagi.
- Setiap pelajaran berakhir dengan ayat ingatan. Tenaga pengajar dan pelajar berdiri bersama-sama dan membaca ayat memori sepuluh kali; mengatakan alamat ayat pertama, diikuti oleh ayat. Pelajar boleh menggunakan Alkitab mereka atau panduan pelajar enam kali pertama mereka berkata ayat memori. Empat kali terakhir, bagaimanapun, kumpulan membaca ayat memori dari hati. Seluruh kumpulan membaca ayat sepuluh kali dan kemudian duduk.

AMALAN

- 30 minit
- Sebelum ini, pelatih dibahagikan pelajar untuk segmen 'solat ". Rakan sembahyang mereka juga rakan kongsi amalan mereka.
- Setiap pelajaran mempunyai kaedah memilih yang "pemimpin" pasangan. Pemimpin itu ialah orang yang akan mengajar 1. Jurulatih mengumumkan kaedah memilih pemimpin pasangan kepada kumpulan.
- Imitating jurulatih, pemimpin melatih pasangan mereka. Tempoh latihan perlu meliputi kajian dan pelajaran baru, dan berakhir dengan ayat memori. Pelajar berpeluang untuk membaca "Ayat Memori" dan duduk apabila ia selesai, jadi jurulatih dapat melihat pelajar yang telah selesai.

- Apabila orang yang pertama dalam kemasan pasangan, orang yang kedua mengulangi proses tersebut, supaya mereka dapat mengamalkan latihan serta. Memastikan bahawa pasangan itu tidak melangkau atau mengambil jalan pintas dalam proses.
- Berjalan mengelilingi bilik sementara mereka mengamalkan untuk memastikan mereka mengikuti dengan tepat. Kegagalan untuk melakukan pergerakan tangan adalah giveaway mati bahawa mereka tidak meniru anda. Menekankan berkali-kali bahawa mereka harus meniru gaya anda.
- Mempunyai mereka mencari rakan kongsi yang baru dan bergilir-gilir mengamalkan lagi.

BERAKHIR

- 20 minit
- Kebanyakan sesi akhir dengan aktiviti pembelajaran aplikasi praktikal. Memberi pelajar banyak masa untuk bekerja pada Akta 29 Peta dan menggalakkan mereka untuk berjalan-jalan dan mendapatkan idea daripada orang lain kerana mereka bekerja.
- Buat apa-apa pengumuman yang perlu, dan kemudian minta seseorang untuk berdoa satu rahmat pada sesi. Minta seseorang yang tidak berdoa sebelum berdoa menjelang akhir latihan, semua orang sepatutnya ditutup di dalam solat sekurang-kurangnya sekali.

PRINSIP

Kami telah menemui prinsip-prinsip berikut di tengah-tengah mengajar beribu-ribu orang sepuluh tahun terakhir. Dari pengalaman kami, prinsip tidak budaya tertentu; kita telah melihat mereka di tempat kerja di Asia, Amerika, dan Afrika (kita tidak tahu tentang Eropah, lagi!).

- Membina Pelajaran Apabila kita melatih yang lain, kita "membina" pengajaran untuk membantu dalam ingatan dan keyakinan untuk pelajar. Sebagai contoh, kami meminta soalan pertama, baca kitab, memberi jawapan, dan menunjukkan pergerakan tangan. Kemudian, kita membaca soalan kedua dan mengikuti proses yang sama. Sebelum kita meneruskan dengan soalan ketiga, bagaimanapun, kita mengkaji soalan, jawapan, dan gerakan tangan untuk soalan satu dan dua. Kemudian, kita teruskan untuk mempersoalkan tiga. Kami mengikuti corak yang sama berulang-ulang di sepanjang pengajaran, "membina" pengajaran dengan setiap soalan baru. Ini membantu pelajar untuk memahami pelajaran keseluruhannya dalam konteks dan ingat lebih baik.
- Akan Orang Contoh-apa yang mereka lihat model untuk mereka. Latihan adalah mengenai hidup bahan diri sendiri dan tidak hanya mengajar maklumat kepada orang lain. Cerita baru tentang bagaimana Tuhan bekerja dalam kehidupan kita memberi inspirasi kepada orang-orang kita melatih. Latihan bukan pekerjaan; ia adalah gaya hidup. Pergerakan gereja-penanaman muncul dalam perkadaran langsung kepada bilangan orang-orang yang beriman dalam kumpulan orang yang telah mengamalkan sikap ini.
- Membina Pelajaran Apabila kita melatih yang lain, kita "membina" pengajaran untuk membantu dalam ingatan dan keyakinan untuk pelajar. Sebagai contoh, kami meminta soalan pertama, baca kitab, memberi jawapan, dan menunjukkan pergerakan tangan. Kemudian, kita membaca soalan kedua dan mengikuti proses yang sama. Sebelum kita meneruskan dengan soalan ketiga, bagaimanapun, kita mengkaji soalan, jawapan, dan gerakan tangan untuk soalan satu dan dua. Kemudian, kita teruskan

untuk mempersoalkan tiga. Kami mengikuti corak yang sama berulang-ulang di sepanjang pengajaran, "membina" pengajaran dengan setiap soalan baru. Ini membantu pelajar untuk memahami pelajaran keseluruhannya dalam konteks dan ingat lebih baik.

- Akan Orang Contoh-apa yang mereka lihat model untuk mereka. Latihan adalah mengenai hidup bahan diri sendiri dan tidak hanya mengajar maklumat kepada orang lain. Cerita baru tentang bagaimana Tuhan bekerja dalam kehidupan kita memberi inspirasi kepada orang-orang kita melatih. Latihan bukan pekerjaan; ia adalah gaya hidup. Pergerakan gereja-penanaman muncul dalam perkadaran langsung kepada bilangan orang-orang yang beriman dalam kumpulan orang yang telah mengamalkan sikap ini.

Ibadat mudah

Ibadat mudah adalah komponen kritikal Follow Isa Latihan-salah satu kemahiran yang penting untuk membuat murid-murid. Berdasarkan Hukum Terbesar, Ibadat Mudah mengajar orang bagaimana untuk patuh kepada arahan untuk mengasihi Tuhan dengan segenap hati mereka, semua jiwa mereka, semua fikiran mereka, dan semua kekuatan mereka.

Kita mengasihi Tuhan dengan semua hati kita, jadi kita memuji-Nya. Kami mengasihi Tuhan dengan semua jiwa kita, jadi kita berdoa kepada-Nya. Kita mengasihi Tuhan dengan minda kita, jadi kita mengkaji Alkitab. Akhirnya, kita mengasihi Tuhan dengan segala kekuatan kita, jadi kita mengamalkan apa yang kita telah belajar untuk berkongsi dengan orang lain.

Tuhan telah diberkati kumpulan kecil di seluruh Asia Tenggara yang telah menemui mereka boleh mempunyai Ibadat Mudah di mana-mana rumah, restoran, di taman, di Sekolah Minggu, walaupun di Pagoda!

JADUAL

- Sekumpulan empat biasanya akan mengambil masa kira-kira 20 minit untuk selesai masa Ibadat Mudah.
- Dalam suasana seminar, kami mempunyai Ibadat mudah pada awal hari dan / atau selepas makan tengah hari.

- ini kali pertama anda melakukan Ibadat Mudah, model bagi kumpulan itu, mengambil masa untuk menerangkan bagaimana untuk melakukan setiap bahagian.
- Selepas anda memodelkan bagaimana untuk melakukan Ibadat Mudah, tanya setiap orang dalam latihan untuk memilih rakan kongsi. Biasanya, pelajar memilih rakan. Apabila semua orang telah menemui pasangan mereka, meminta setiap pasangan untuk menyertai dengan sepasang lagi memberi empat orang satu kumpulan.
- Tanya kumpulan datang dengan mereka sendiri "nama," memberikan mereka beberapa minit untuk berbuat demikian; kemudian pergi di sekitar bilik dan meminta setiap kumpulan apa nama mereka. Cuba untuk merujuk kepada kumpulan dengan nama ini sepanjang latihan lain.
- Dalam format mingguan, kita suka untuk mengajar orang Ibadat Mudah 1. Kita semula dan mengamalkan semasa dua sesi-sesi berikutnya.

Proses

- Bahagikan kepada kumpulan empat orang.
- Setiap orang mengambil bahagian yang berlainan Ibadat Mudah.
- Setiap kali anda mengamalkan Ibadat Mudah, pelajar memutarkan sebahagian daripada Ibadat Mudah mereka memimpin, demikian oleh akhir masa latihan yang telah mereka lakukan setiap bahagian sekurang-kurangnya dua kali.

Pujian

- Satu orang mengetuai kumpulan dalam menyanyi dua choruses atau pujian (bergantung kepada konteks anda).

- Instrumen tidak diperlukan.
- Dalam sesi latihan, meminta pelajar untuk meletakkan kerusi mereka seolah-olah mereka sedang duduk di meja kafe bersama-sama.
- Setiap kumpulan akan menyanyikan lagu-lagu yang berbeza dan itu adalah baik.
- Jelaskan kepada kumpulan itu bahawa ini adalah masa untuk memuji Tuhan dengan segenap hatimu sebagai satu kumpulan, tidak melihat kumpulan mana yang boleh menyanyi kuat sekali.

orang lain. Mengamalkan pengajaran termasuk sama ada mendengar orang lain mengamalkan pelajaran atau mengamalkannya sendiri. Untuk sebab itu, kita dinasihatkan untuk melakukan amalan masa dua kali. Pelajar hendaklah mengamalkan sekali dengan pasangan sembahyang mereka dan kemudian beralih kepada rakan kongsi lain dan melakukan pelajaran sekali lagi.

- Kurang Apakah yang lebih baik daripada Lebih-pelajar yang berpendidikan jauh melebihi tahap ketaatan mereka. Satu kesilapan lazim di kalangan tenaga pengajar memberi pelajar mereka lebih banyak maklumat daripada apa yang mereka dapat mematuhi. Pendedahan jangka panjang kepada jenis ini latihan meninggalkan pelajar penuh ilmu dengan aplikasi praktikal sedikit. Kami sentiasa cuba memberi pelajar "backpack" maklumat bahawa mereka boleh menjalankan dengan mereka dan memohon, bukan "krat."
- Pelajar Berbeza Belajar berbeza-Orang pendekatan pembelajaran daripada tiga gaya yang berbeza: auditori, visual, dan kinestetik. Bagi latihan sangat diulang, ia mesti melibatkan ketiga-tiga gaya pembelajaran dalam setiap pelajaran. Walau bagaimanapun, latihan yang bergantung kepada satu atau dua gaya yang paling. Matlamat kami adalah untuk melihat transformasi seluruh kumpulan seluruh

orang. Sistem latihan kami, hasilnya, menggabungkan ketiga-tiga gaya pembelajaran untuk tidak termasuk tidak ada seorang pun.

- Proses dan Kandungan Penting-penyelidik telah mendapati banyak kemajuan dalam pendidikan orang dewasa yang memberi kuasa kepada kita untuk mengajar orang dalam satu transformasi, bukannya maklumat, cara. Sebagai contoh, kita tahu bahawa "format syarahan" sering digunakan bukan kaedah yang baik untuk majoriti pelajar. Malangnya, latihan yang dilakukan di luar negara masih mengikut pola ini. Kami menumpukan pada kebolehulangan dalam menilai Latihan sistem Follow Isa pengajaran kami kepada keupayaan generasi akan datang tentang pelajar untuk mengeluarkan semula mereka.
- Review, Mengkaji, Menyemak Satu lagi istilah yang sering digunakan untuk menghafal "mempelajari sesuatu dengan hati." Sistem latihan kami semua tentang melihat hati manusia berubah. Hasilnya, salah satu dari tujuan kami adalah untuk setiap pelajar untuk membaca keseluruhan kursus latihan dari ingatan. Seksyen "Review" pada permulaan setiap masa pembelajaran membantu pelajar untuk melakukan ini. Sila jangan skip kajian. Dalam pengalaman kami, penanam padi yang lebih berpendidikan peringkat ketiga-gred di Asia Tenggara boleh mengulangi keseluruhan kandungan Membuat Disciples Radikal menggunakan gerakan tangan.
- Membina Pelajaran Apabila kita melatih yang lain, kita "membina" pengajaran untuk membantu dalam ingatan dan keyakinan untuk pelajar. Sebagai contoh, kami meminta soalan pertama, baca kitab, memberi jawapan, dan menunjukkan pergerakan tangan. Kemudian, kita membaca soalan kedua dan mengikuti proses yang sama. Sebelum kita meneruskan dengan soalan ketiga, bagaimanapun, kita mengkaji soalan, jawapan, dan gerakan tangan untuk soalan satu dan dua. Kemudian, kita teruskan untuk mempersoalkan tiga. Kami

mengikuti corak yang sama berulang-ulang di sepanjang pengajaran, "membina" pengajaran dengan setiap soalan baru. Ini membantu pelajar untuk memahami pelajaran keseluruhannya dalam konteks dan ingat lebih baik.
- Akan Orang Contoh-apa yang mereka lihat model untuk mereka. Latihan adalah mengenai hidup bahan diri sendiri dan tidak hanya mengajar maklumat kepada orang lain. Cerita baru tentang bagaimana Tuhan bekerja dalam kehidupan kita memberi inspirasi kepada orang-orang kita melatih. Latihan bukan pekerjaan; ia adalah gaya hidup. Pergerakan gereja-penanaman muncul dalam perkadaran langsung kepada bilangan orang-orang yang beriman dalam kumpulan orang yang telah mengamalkan sikap ini.

Ibadat Mudah

- Ibadat mudah adalah komponen kritikal Follow Isa Latihan-salah satu kemahiran yang penting untuk membuat murid-murid. Berdasarkan Hukum Terbesar, Ibadat Mudah mengajar orang bagaimana untuk patuh kepada arahan untuk mengasihi Tuhan dengan segenap hati mereka, semua jiwa mereka, semua fikiran mereka, dan semua kekuatan mereka.
- Kita mengasihi Tuhan dengan semua hati kita, jadi kita memuji-Nya. Kami mengasihi Tuhan dengan semua jiwa kita, jadi kita berdoa kepada-Nya. Kita mengasihi Tuhan dengan minda kita, jadi kita mengkaji Alkitab. Akhirnya, kita mengasihi Tuhan dengan segala kekuatan kita, jadi kita mengamalkan apa yang kita telah belajar untuk berkongsi dengan orang lain.
- Tuhan telah diberkati kumpulan kecil di seluruh Asia Tenggara yang telah menemui mereka boleh mempunyai Ibadat Mudah di mana-mana rumah, restoran, di taman, di Sekolah Minggu, walaupun di Pagoda!

Jadual

- Sekumpulan empat biasanya akan mengambil masa kira-kira 20 minit untuk selesai masa Ibadat Mudah.
- Dalam suasana seminar, kami mempunyai Ibadat mudah pada awal hari dan / atau selepas makan tengah hari.
- ini kali pertama anda melakukan Ibadat Mudah, model bagi kumpulan itu, mengambil masa untuk menerangkan bagaimana untuk melakukan setiap bahagian.
- Selepas anda memodelkan bagaimana untuk melakukan Ibadat Mudah, tanya setiap orang dalam latihan untuk memilih rakan kongsi. Biasanya, pelajar memilih rakan. Apabila semua orang telah menemui pasangan mereka, meminta setiap pasangan untuk menyertai dengan sepasang lagi memberi empat orang satu kumpulan.
- Tanya kumpulan datang dengan mereka sendiri "nama," memberikan mereka beberapa minit untuk berbuat demikian; kemudian pergi di sekitar bilik dan meminta setiap kumpulan apa nama mereka. Cuba untuk merujuk kepada kumpulan dengan nama ini sepanjang latihan lain.
- Dalam format mingguan, kita suka untuk mengajar orang Ibadat Mudah 1. Kita semula dan mengamalkan semasa dua sesi-sesi berikutnya.

Proses

- Bahagikan kepada kumpulan empat orang.
- Setiap orang mengambil bahagian yang berlainan Ibadat Mudah.
- Setiap kali anda mengamalkan Ibadat Mudah, pelajar memutarkan sebahagian daripada Ibadat Mudah mereka memimpin, demikian oleh akhir masa latihan yang telah mereka lakukan setiap bahagian sekurang-kurangnya dua kali.

Pujian

- Satu orang mengetuai kumpulan dalam menyanyi dua choruses atau pujian (bergantung kepada konteks anda).
- Instrumen tidak diperlukan.
- Dalam sesi latihan, meminta pelajar untuk meletakkan kerusi mereka seolah-olah mereka sedang duduk di meja kafe bersama-sama.
- Setiap kumpulan akan menyanyikan lagu-lagu yang berbeza dan itu adalah baik.
- Jelaskan kepada kumpulan itu bahawa ini adalah masa untuk memuji Tuhan dengan segenap hatimu sebagai satu kumpulan, tidak melihat kumpulan mana yang boleh menyanyi kuat sekali.

Doa

- orang lain (berbeza dari satu yang mengetuai di dalam memuji) mengetuai masa kumpulan doa.
- pemimpin doa meminta setiap ahli kumpulan untuk permintaan sembahyang dan menulis ke bawah.
- pemimpin solat melakukan untuk berdoa bagi barang-barang ini sehingga kumpulan bertemu sekali lagi.
- Selepas setiap orang telah berkongsi permintaan doa mereka, berdoa pemimpin sembahyang bagi kumpulan itu.

Mengkaji

- orang lain dalam kumpulan empat mengetuai masa kumpulan belajar.
- Ketua Kajian memberitahu cerita dari Alkitab dalam perkataan mereka sendiri, kami mencadangkan cerita-cerita dari Injil, sekurang-kurangnya pada mulanya.

- Bergantung kepada kumpulan, anda boleh meminta pemimpin kajian terlebih dahulu membaca cerita Alkitab dan kemudian memberitahu dalam perkataan mereka sendiri.
- Selepas pemimpin kajian menceritakan kisah Alkitab, mereka meminta kumpulan tiga soalan:

    1. Apa yang cerita ini mengajar kita tentang Tuhan?
    2. Apa yang cerita ini mengajar kita tentang orang?
    3. Apa yang saya belajar di dalam cerita ini yang akan membantu saya mengikuti Yesus?

- kumpulan membincangkan setiap soalan bersama-sama, sehingga pemimpin kajian merasakan perbincangan semakin berkurang, maka pemimpin yang bergerak ke soalan seterusnya.

Amalan

- orang lain dalam kumpulan empat mengetuai masa kumpulan amalan.
- Pemimpin amalan membantu kumpulan itu mengkaji pelajaran sekali lagi dan akan memastikan semua orang memahami pelajaran dan boleh mengajar kepada orang lain.
- pemimpin amalan memberitahu cerita yang sama Alkitab bahawa pemimpin kajian memberitahu.
- pemimpin amalan bertanya soalan yang sama bahawa pemimpin kajian ditanya dan kumpulan membincangkan setiap soalan lagi.

Berakhir

- kumpulan Ibadat Mudah berakhir masa ibadat dengan menyanyikan lagu pujian yang lain, atau berkata sembahyang Tuhan bersama-sama.

PRINSIP UTAMA KEPADA INGAT

- Kumpulan empat kerja terbaik dalam Ibadat Mudah. Jika anda perlu membuat kumpulan lima, hanya mewujudkan satu. Dua kumpulan tiga orang adalah lebih baik daripada satu kumpulan enam.
- Satu kunci kepada kebolehulangan dalam Ibadat Mudah adalah setiap orang yang mengambil pula mengamalkan salah satu daripada empat bahagian: pujian, solat, belajar, atau amalan. Kumpulan empat memberi sokongan kepada orang yang mempelajari kemahiran baru dan tidak mengancam sebagai kumpulan yang lebih besar.
- Menggalakkan kumpulan untuk menyembah dalam bahasa hati mereka. Jika ada ada penyanyi dalam kumpulan (yang tidak berlaku), membantu kumpulan ini dengan mencadangkan mereka membaca Mazmur kuat bersama-sama.
- Buat tertentu anda membenarkan masa yang cukup bagi orang amalan untuk mengambil kumpulan melalui sesi latihan. Akauntabiliti dalam masa amalan membawa pembiakan kumpulan Ibadat Simple. Tanpa seksyen amalan, masa bertukar menjadi hanya satu lagi kumpulan belajar Alkitab. Bahawa apa yang anda benar-benar mahu?
- Seperti yang anda mungkin sudah perhatikan, format Ibadat Mudah adalah proses yang sama yang digunakan dalam sepuluh sesi FJT: Segala puji, solat, Kajian dan Amalan.

Perbezaan utama adalah kandungan seksyen "Kajian". Pada akhir FJT, pelajar akan telah diamalkan format Ibadat Mudah banyak kali. Doa kami adalah bahawa mereka akan membawa satu kumpulan dan lain-lain kereta api mempunyai Ibadat Mudah bersama-sama.

Parte 2
LATIHAN

Alu-Aluan

Dialukan membuka sesi latihan atau seminar dengan memperkenalkan tenaga pengajar dan pelajar. Jurulatih memperkenalkan pelajar kepada lapan gambar Jesus seperti berikut: Askar, Seeker, Pengembala, penabur, Anak, Suci, Hamba, dan Steward dengan sepadan gerakan tangan. Kerana orang belajar dengan mendengar, melihat, dan melakukan, Ikuti Latihan Isa menggabungkan setiap ini gaya pembelajarandalam setiap sesi.

Alkitab mengatakan Roh Kudus adalah guru kita; pelajar digalakkan untuk bergantung kepada Roh di sepanjang latihan. Sesi berakhir dengan membuka "kedai teh" untukmenyediakan suasana yang lebih tenang di kalangan tenaga pengajar dan pelajar, jenis menetapkan murid-murid yang dinikmati dengan Jesus.

KATA PUJIAN

- Bertanyakan seseorang untuk berdoa di atas kehadiran dan rahmat Tuhan.
- Menyanyikan dua lagu atau pujian bersama-sama.

Permulaan

Perkenalan Jurulatih

Tenaga pengajar dan pelajar perlu berada dalam satu bulatan pada awal sesi pembukaan. Jika jadual telah ditubuhkan, ia dibuang terlebih dahulu.

- model Jurulatih bagaimana pelajar akan memperkenalkan diri mereka.
- Pengajar dan Perantis (LampiranC menerangkan peranan Perantis)memperkenalkan antara satu sama lain. Mereka berkongsi nama orang lain, maklumat mengenai keluarga mereka, kumpulan etnik (jika sesuai), dan cara bahawa Tuhan telah memberkati mereka pada bulan tersebut.

Perkenalan Pelajar

- Bahagikan pelajar kepada pasangan.Memberitahu mereka, "Anda sekarang akan memperkenalkan satu sama lain dengan cara yang sama bahawa perantis saya dan saya lakukan."
- Golongan ini perlu belajar nama pasangan mereka, maklumat mengenai keluarga mereka, kumpulan etnik, dan satu cara yang Tuhan telah memberkati mereka bulan sebelumnya. Ia boleh membantu mereka untuk menulis maklumat dalam buku nota pelajar mereka supaya mereka tidak akan lupa.
- Selepas kirakira limaminit, minta pelajar berpasanganuntuk memperkenalkan dirimereka kepada sekurang-kurangnya lima rakan lain dengan cara yang sama yang andamemperkenalkan rakan anda kepada mereka.

Perkenalan Isa

"Kami telah memperkenalkan diri kepada anda, dan anda harus memperkenalkan diri anda antara satu sama lain. Kini, kami ingin memperkenalkan anda kepada Jesus. Terdapat banyak gambar Jesus di dalam Alkitab, tetapi kita akan menumpukan perhatian kepada lapan yang utama."

LAPAN GAMBAR ISA DALAM BIBLE

- Lukiskan bulatan di atas papan putih dan senaraikan gambar Kristus. Minta pelajar mengulangi mereka bagi beberapa kali sehingga mereka boleh mengatakan mereka dari ingatan dengan mudah.

"Isa adalah Askar, Pencari, Pengembala, penabur, Anak, Suci, Hamba, dan Steward."

✋ Askar

Meningkatkan pedang.

✋ Pencari

Melihat ke depan dan ke belakang dengan tangan di atas mata.

✋ Pengembala

Bergerak tangan ke arah badan anda seolah-olah anda sedang mengumpul orang.

✋ Penabur

Membuang benih dengan tangan.

✋ Anak

Bergerak tangan ke arah mulut seolah-olah anda sedang makan.

✋ Suci

    Meletakkan tangan klasik "tangan berdoa" menimbulkan.

"Jesus adalah yang Maha Esa Kudus; kita akan dipanggil untuk menjadi Saints."

✋ Hamba

    Menggunaan tukul.

✋ Steward

    Mengambil wang dari poket baju atau beg tangan.

"Sekeping gambar bernilai seribu perkataan, dan gambar-gambar ini dalam Alkitab akan memberi anda pemahaman yang lebih mendalam ke dalam berjalan 'dengan' Isa. Sekeping gambar yang memberikan kita visi yang jelas dan keupayaan untuk mengiktiraf bila dan bagaimana Yesus bekerja.

"Seorang bapa sedang membaca akhbar dan anak muda terus mengganggu beliau, yang ingin bermain. Selepas beberapa gangguan, bapa membuat teka-teki daripada satu muka surat akhbar itu dengan memotong menjadi kepingan. Katanya kepada anaknya untuk mengambil keping, pita mereka bersama-sama dalam susunan yang betul, dan kemudian dia akan bermain dengan dia.

"Bapa percaya ini akan mengambil anaknya masa yang lama, memberi bapa masa yang cukup untuk membaca kertas berita-lain. Sebaliknya, anak lelaki kembali selepas10 minit dengan melengkapkan 'teka-teki' . Apabila ditanya bagaimana diamelakukannya dengan begitu pantas, anak menjawab, 'Ia adalah mudah. Terdapat gambar di belakang, dan apabila saya meletakkan gambar bersama-sama semua huruf di sisi lain datang bersama-sama juga.'

"Kedua-lapan gambar Jesus akan memberi anda satu visi yang jelas apabila anda berjalan dengan Jesus.

"Untuk mengikuti seseorang bermakna untuk menyalin cara bahawa orang melakukan semua perkara. Pelatih salinan tuannya untuk belajar perdagangan. Pelajar menjadi seperti guru-guru mereka. Kita menyalin seseorang. Yang kita menyalin adalah siapakita menjadi. Pada masa latihan kami, kami akan bertanya soalan, mencari jawapan di dalam Al-Kitab, mengetahui bagaimana Isa berjalan, dan amalan berikut kepadanya."

Apakah Tiga Cara Kami Belajar Keseronokan?

"Terdapat tiga cara yang orang belajar. Semua orang menggunakan ketiga-tiganya,tetapi setiap daripada kita cenderung untuk mempelajari terbaik satu cara. Dalamlatihan ini, kami akan menggunakan ketiga-tiga cara orang belajar dalam setiap pelajaran, supaya setiap daripada anda boleh menguasai bahan dengan gaya pembelajaran khusus anda.

"Sesetengah orang belajar terbaik dengan mendengar. Atas sebab itu, kami akan sentiasa membaca kitab dengan kuat dan bertanya soalan yang kuat."

✋ mendengar
    Piala tangan anda di seluruh telinga anda.

"Ada orang yang belajar dengan lebih baik dengan melihat. Atas sebab itu, kita akanmenggunakan gambar dan drama untuk menggambarkan kebenaran yang penting."

✋ Melihat
    Menunjuk ke mata anda.

"Sesetengah orang belajar terbaik dengan melakukan. Untuk sebab itu, kita akanmempunyai tangan ke atas aktiviti-aktiviti yang akan membantu anda melakukan apa yang kita bercakap tentang dan mengamalkan."

✋ Melakukan
    Membuat usul pinda dengan tangan anda.

"Mendengar, melihat, dan melakukan tiga guru utama kita ada. Alkitab juga memberitahu kita bahawa Roh Kudus adalah satu yang guru kita. Sepanjang seminar itu, saya menyeru kepada anda bergantung kepada Roh Kudus untuk belajar pengajaran yang akan menyebabkanbeliau adalah orang yang mengajar terbaik."

Pengakhiran

Kedai Teh Adalah Terbuka! ☙

"Antara tempat yang anda menikmati lebih banyak bilik darjah sekolah atau kedai teh(atau kedai kopi) dengan rakan-rakan?"

"Kita belajar banyak benda-benda yang baik-baik di dalam kelas, dan kita harusmenghormati guru-guru kita. Walau bagaimanapun, kebanyakan apa yang kita belajar tentang kawan-kawan kita, keluarga, dan kampung di kedai teh. Ini adalah benar ketika Nabi Isa berjalan di atas bumi, serta.

> *– Lukas 07:31-35 - Isa seterusnya berkata: Apakah kamu orang-orang seperti? Apa yang seumpamanya daripada orang? Anda adalah seperti kanak-kanak yang duduk di pasaran dan menjerit antara satu sama lain, "Kami bermain seruling itu, tetapi anda tidak akan menari! Kami menyanyikan lagu pengebumian, tetapi anda tidak akan menangis! "John Pembaptis tidak perlu pergi mengelilingi makan dan minum, dan anda berkata," John mempunyai setan dalam dirinya! "Tetapi kerana Anak Manusia juga sekitar makan dan minum, anda berkata, "Isa makan dan minum terlalu banyak!Walaupun dia adalah kawan pemungut cukai dan orang-orang berdosa.*

"NamunBijaksana ditunjukkan yang betul dengan umatnya. (CEV)

"Kami lebih santai di kedai teh. Jika Isa berjalan di atas bumi sekali lagi hari ini, Dia akan menghabiskan masa dalam teh atau kopi.

Beliau mengikuti corak ini apabila Dia datang kali pertama. Atas sebab itu, kita mengubah bilik ini dari pusat latihan ke kedai teh."

- Pada ketika ini, membuat perkiraan bagi pelajar yang hendak disampaikan teh, kopi, dan beberapa makanan ringan.

"Kedai Teh Terbuka!" Adalah bertujuan untuk mencipta suasana latihan yang lebih santai dan tidak formal. Dalam erti kata lain, kumpulan yang lebih dekat kepada cara bahawa Jesus melatih murid-murid.

2

Pendaraban

Darab memperkenalkan Isa Pramugara: steward mahu pulangan yang baik pada masa dan harta mereka, dan mereka berhasrat untuk hidup dengan integriti. Pelajar mendapat visi untuk keberhasilan dengan meneroka: 1)perintah pertama Tuhan kepada manusia, 2) arahan terakhir Yesus kepada manusia, 3) Prinsip 222, dan 4) perbezaan di antara Laut Galilea dan Laut Mati.

    Pelajaran berakhir dengan senda-gurau yang aktif dan pembelajaran yang menunjukkan perbezaan di dalam "hasil", atau buah-buahan, antara lain latihan dan semata-matamengajar mereka. Pelajar dicabar untuk melatih mereka bagaimana untuk memuji,berdoa, belajar perkataan Tuhan, dan menteri kepada orang lain. Dengan pelaburan inikhazanah masa, dan integriti, pelajar akan dapat untuk memberi Isa hadiah yangmenakjubkan apabila mereka melihat-Nya di syurga.

Pujian

- Tanya seseorang berdoa di atas kehadiran dan rahmat Tuhan.
- Nyanyi dua clagu atau pujian bersama-sama.

Sembahyang

- Susun pelajar kepada pasangan dengan seseorang yang mereka telah tidak menjadi rakan kongsi dengan sebelum.
- Setiap saham pelajar dengan beliau atau rakan kongsi jawapan kepada soalan yang berikut:

    Bagaimana saya boleh berdoa untuk anda hari ini?

- Pasangan berdoa bersama-sama.

Belajar

-mengkaji

Setiap sesi kajian yang sama. Minta pelajar untuk berdiri dan membaca pelajaransebelumnya belajar. Pastikan yang mereka lakukan gerakan tangan, juga.

Adakah Lapan Gambar Itu Bantuan kami Ikut Isa?
Askar, Seeker, Pengembala, penabur, Anak, Saint, Hamba, Steward

Kehidupan rohani kita Adakah seperti belon ଓ

- Ambil sebiji belon, menunjukkan kepada kumpulan itu, dan menerangkan,

  "Kehidupan rohani kami adalah seperti belon."

- Seperti yang anda meletupkan belon, menjelaskan bahawa kami menerimakeberkatan dari Tuhan. Mari menyuarakan belon dan berkata,

  "Tuhan memberikan kepada kami, jadi kami akan memberi kepada orang lain. Kami diberkati untuk menjadi rahmat."

- Ulangi proses ini beberapa kali menunjukkan "di dalam dan keluar" sifat kehidupan spiritual.

  "Kebanyakan daripada kita, bagaimanapun, tidak memberi apa yang kita terima, tetapikita menjaga untuk diri kita sendiri. Mungkin kita berfikir bahawa jika kita memberi, Tuhan tidak akan isi semula kami. Mungkin kita fikir ia terlalu sukar untuk memberi."

- Simpan meniup belon, tetapi secara berkala biarkan sedikit udara kerana anda "merasa bersalah." Tuhan mempunyai pemberian begitu banyak kepada anda, dan anda tidak memberikan banyak kepada orang lain. Akhirnya, meniup belon sehingga pecah.

  "Kehidupan rohani kami adalah seperti contoh ini. Apabila seseorang mengajar kitapengajaran, kita harus mengajar apa yang kita telah belajar kepada orang lain. Apabila kita menerima rahmat, kita harus memberkati orang lain. Apabila kita tidak melakukan ini, ia menyebabkan masalah yang besar dalam kehidupan rohani kita! Tidak member apa yang kita telah menerima adalah jalan yang pasti kekalahan rohani."

Apa Isa Seperti?

— *Matius 06:20-21 - Tetapi simpan untuk diri kamu sendiri perbendaharaan di syurga, di mana rama-rama dan karat tidak berbuat kemusnahan, dan di mana pencuri tidak memecahkan dalam dan mencuri. Untuk di mana khazanah anda, jantung anda akan juga.* "Isa ialah Pramugara. Beliau bercakap tentang wang, harta benda, dan keutamaan kami lebih daripada sebarang topik lain. Sebagai peneraju pramugara

, Jesus telah melabur di dalam diri kita dan sedang mencari yang baik semula pula."

Pramugara
 Bayangkan untuk mengambil wang dari poket baju atau beg tangan.

Apakah tiga perkara seorang perkara tidak lakukan?

— *Matius 25:14-28 - Kerana ia adalah sama seperti seorang lelaki di dalam perjalanan. Dia memanggil hamba sendiri dan diserahkan harta benda itu kepada mereka. Kepada satu, dia memberikan lapan bakat; lain, dua; dan kepada yang lain, satu-satu samamengikut kemampuan sendiri. Kemudian dia pergi dalam perjalanan. Dengan serta-merta lelaki yang telah menerima 5 bakat pergi, meletakkan mereka untuk bekerja, dan memperoleh lima lagi. Dengan cara yang sama, lelaki dengan dua yang diperolehi dua lagi. Tetapi lelaki yang telah menerima 1 bakat pergi, menggali lubang di dalam tanah, dan menyembunyikan wang tuannya. Selepas masa yang panjang tuan hamba mereka datang dan menetap akaun dengan mereka. Lelaki yang telah menerima 5 bakat mendekati, menyampaikan lima lagi bakat, dan berkata, "Tuan, anda memberikan saya 5 bakat. Lihat, saya telah memperoleh lima lagi bakat. "Kata tuannya itu kepadanya," Syabas, hamba yang baik dan setia! Anda adalah setia dalam perkara kecil, saya akan meletakkan anda dalam menjaga banyak perkara. Masukkan kegembiraan induk anda!" Kemudian lelaki dengan dua bakat juga didekati. Dia berkata, "Tuan, anda memberi saya dua jumlah. Melihat, saya telah memperoleh dua lagi bakat. "Kata tuannya itu kepadanya," Syabas, hamba yang baik dan setia! Anda adalah setia dalam perkara kecil, saya akan meletakkan anda dalam menjaga banyak perkara. Masukkan kegembiraan induk anda! "*

Kemudian lelaki yang telah menerima satu bakat juga mendekati dan berkata, "Tuan, saya tahu anda. Anda seorang lelaki yang sukar, menuai di mana anda tidak disemaidan mengumpul di mana anda tidak berselerak benih. Jadi saya takut dan pergi dan menyembunyikan bakat anda di dalam tanah. Lihat, anda mempunyai apa yang kamu. "Tetapi tuannya menjawab kepadanya," Kamu jahat, hamba malas! Jika anda tahubahawa saya menuai di mana saya telah tidak disemai dan mengumpul di mana saya telah tidak bertaburan, maka anda harus menyimpan wang saya dengan pihak bank. Dan apabila saya kembali, saya akan menerima kembali wang saya dengan penuh minat. Oleh itu, ambillah bakat dari dia dan memberikannya kepada seseorang yang mempunyai 10 bakat. "(HCSB)

1. Steward melabur harta mereka dengan bijak.

   "Isa menceritakan kisah tiga orang penjawat yang dimasukkan ke dalam menjaga, melabur wang tuan. Dua daripada mereka dalam terletakhak wang tuan dengan bijak."

2. Steward melabur masa mereka dengan bijak.

   "Yesus mahu kita meletakkan kerajaan Kali pertama beliau dalam agenda kita."

3. Steward hidup dengan integriti.

   "Sebagai Isa melihat integriti dan kejujuran dalam perkara-perkara kecil, Dia akan mengamanahkan kami dengan lebih banyak."

"Isa adalah pramugara, dan Dia hidup dalam kita. Apabila kita mengikuti-Nya, kita akanmenjadi pelayan juga. Kami akan melabur khazanah kita dan masa dengan bijak, dan hidup dengan integriti."

Apakah Perintah Tuhan kepada Manusia?

— *Kejadian 1:28 - Allah memberkati mereka dan Allah berkata kepada mereka,"Beranak cuculah dan berganda, dan mengisi bumi, dan menundukkan; dan peraturan di atas ikan laut dan melalui burung-burung di langit dan lebih segala sesuatu yang hidupyang bergerak di bumi. "(NASB)*

"Tuhan memberitahu orang ramai untuk membiak dan mempunyai anak-anak fizikal."

Apakah Was Perintah Terakhir Yesus kepada Manusia?

> - Mark 16:15 - Dia berkata kepada mereka, "Pergilah ke seluruh dunia danmenyebarkan berita yang baik kepada segala makhluk."

"Isa kepada murid-murid-Nya untuk membiak dan mempunyai anak-anak rohani."

Bagaimana Saya Boleh Menjadi menguntungkan Darab?

> — 2 Timothy 2:02 - perkara-perkara yang anda telah mendengar daripada saya di hadapan saksi-saksi yang banyak mengamanahkan ini untuk lelaki setia yang akan dapat untuk mengajar orang lain juga. (NASB)

"Apabila kita melatih yang lain, seperti yang kita telah dilatih, maka Allah mendarabkehidupan kita. Kita panggil ini Prinsip '222 'Isa menyatakan diriNya kepada Paul. Paul dilatih Timothy. Timothy terlatih orang setia yang dilatih orang lain juga. Dan semuamelalui sejarah, ia terus … sehingga satu hari seseorang berkongsi dengan anda tentang Yesus! "

Sea of Galilee / Laut Mati ☙

- Lukiskan gambar pada halaman seterusnya, langkah-demi-langkah, seperti yang anda mengajar setiap sebahagian daripada ilustrasi. Gambar lukisan bergabung.

"Terdapat dua laut yang terletak di negara Israel. Adakah anda tahu nama mereka? "

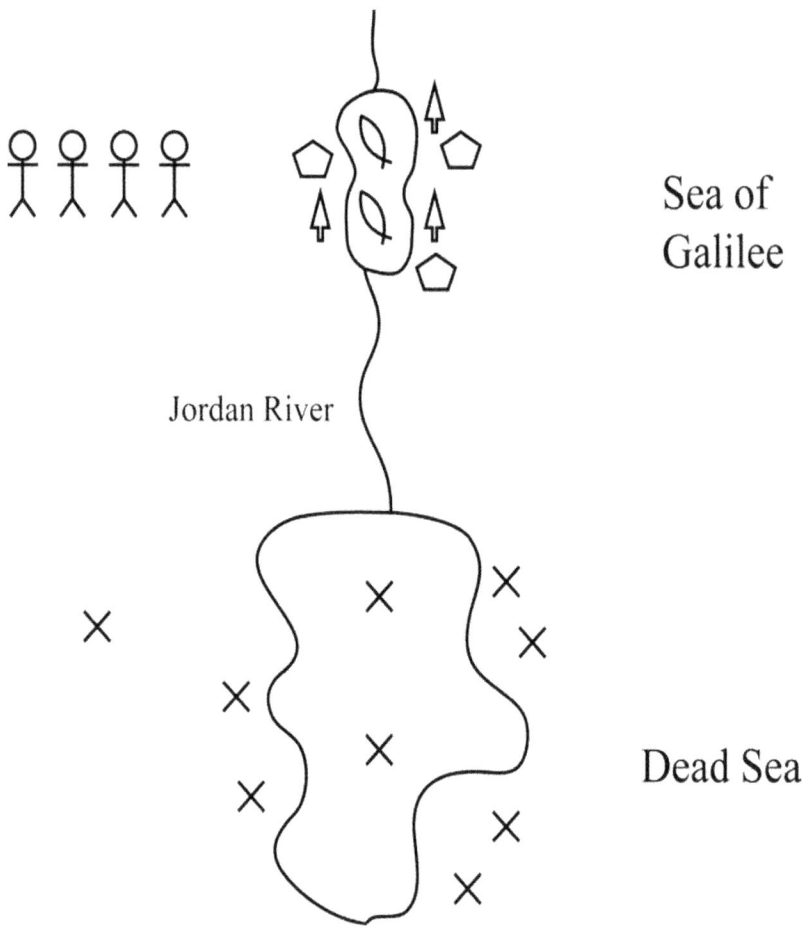

(SEA OF GALILEE DAN LAUT MATI)

- Lukiskan dua bulatan, satu yang lebih kecil di atas. Menghubungkan mereka dengan garis. Menarik garis ke atas dari bahagian atas bulatan kecil. Labelkan dua laut.

  "Sungai menghubungkan Sea of Galilee dan Laut Mati. Adakah anda tahu namanya?"

(SUNGAI JORDAN)

- Labelkan sungai.

  "Laut Galilea dan Laut Mati yang sangat berbeza. Sea of Galilee mempunyai banyak ikan."

- Lukis ikan di Laut Galilee.

  "Laut Mati mempunyai ikan."

- Lukis Xs di Laut Mati.

  "Sea of Galilee mempunyai banyak pokok yang tumbuh berhampiran."

- Lukiskan pokok di sekitar Laut Galilee.

  "Laut Mati tidak mempunyai pokok-pokok berdekatan."

- Lukis Xs di sekitar Laut Mati.

  "Sea of Galilee mempunyai banyak perkampungan".

- Lukis rumah di sekitar Laut Galilee.

  "Laut Mati tidak mempunyai kampung."

- Lukis Xs di sekitar Laut Mati.

  "Empat orang yang terkenal hidup oleh Laut Galilee. Adakah anda tahu nama mereka? "

(PETER, ANDREW, JAMES, DAN JOHN)

- Lukiskan empat angka batang sebelah Laut Galilee.

"Tiada orang yang terkenal hidup oleh Laut Mati."

- Lukiskan empat Xs sebelah Laut Mati.

"Kenapa anda berfikir Laut Mati 'mati' dan Sea of Galilee 'hidup'?"

Kerana Sea of Galilee mempunyai air yang masuk dan keluar, manakala Laut Mati hanya air yang mengalir.

"Ini adalah gambaran kehidupan rohani kita. Apabila kita menerima rahmat, kita harus memberi berkat. Apabila kita menerima pengajaran, kita harus mengajar orang lain. Kemudian, kita adalah seperti

Sea of Galilee. Jika kita dapat terus kepada diri kita sendiri, kita seperti Laut Mati.

"Laut yang manakah adalah lebih mudah untuk menjadi seperti Laut Mati atau Sea of Galilee? Kebanyakan orang adalah seperti Laut Mati kerana mereka lebih sukamenerima daripada memberi. Walau bagaimanapun, orang-orang yang rendah mengikut Isa adalah seperti Laut Galilee. Isa memberi orang lain apa yang telah diterima daripadaBapaNya. Apabila kita melatih orang lain untuk melatih kakitangan lain, kita mengikuticontoh Yesus.

"Laut tidak anda mahu menjadi seperti? Saya mahu menjadi seperti Laut Galilee."

Ayat memori

> – John 15:08 - Ini adalah untuk kemuliaan, Bapa-Ku supaya kamu berbuah banyak, menunjukkan kamu menjadi murid-murid saya.

- Semua orang berdiri dan berkata ayat memori sepuluh kali bersama. Enam kali pertama, pelajar menggunakan Alkitab mereka atau nota pelajar. Empat kali terakhir, mereka berkata ayat dari ingatan. Pelajar hendaklah berkata rujukan ayat sebelum setiap kali mereka memetik ayat ini, dan duduk apabila sirip-ished.
- Berikutan rutin ini akan membantu jurulatih tahu apa yang pasukan telah selesai pelajaran dalam bahagian "Amalan".

AMALAN

- Minta pelajar duduk yang dihadapi oleh rakan kongsi doa mereka untuk lerma ses ini. Rakan kongsi mengambil giliran antara satu sama lain mengajar pelajaran.

  "Orang yang bongsu pasangan akan menjadi pemimpin."

- Ini bermakna bahawa mereka akan melatih 1.
- Ikut Proses Latihan Jurulatih di muka surat 21.
- Menekankan bahawa anda mahu mereka untuk mengajar segala-galanya dalam seksyen Kajian sama dengan cara anda lakukan.

  "Tanya soalan, baca kitab-kitab bersama-sama, dan menjawab soalan dengan cara yang sama yang saya lakukan dengan anda.

Lukiskan Laut daripada ilustrasi Laut Galilee / Mati dan memetik ayat memori dengan cara yang sama yang saya lakukan dengan anda.

Setiap di antara anda yang menggunakan kunci yang bersih kertas setiap kali andamenarik Laut ilustrasi Laut Galilee / Mati."

- Selepas mengajar antara satu sama lain pelajaran, meminta pelajar untuk beralih kepada rakan-rakan dan mereka bergilir-gilir mengajar pengajaran sekali lagi. Apabila selesai, mempunyai pelajar berfikir seseorang mereka akan berkongsi pelajaran ini dengan selepas latihan. Telah mereka menulis nama orang yang di bahagian atas muka surat pertama pelajaran.

BERAKHIR

Hadiah untuk Jesus ✑

- Tanya seseorang untuk menawarkan diri untuk membantu dengan senda-gurau.
- Stesen sukarelawan di sebelah bilik dan diri. Di sisi lain.

"Saya mahu semua orang membayangkan bahawa kami (sukarela dan saya)mempunyai kematangan rohani yang sama. Kami berdua:"

 Puji

    Mengangkat tangan puji kepada Allah.

✋ Berdoalah
> Meletakkan tangan di dalam solat klasik menimbulkan.

✋ Belajar Alkitab
> Meletakkan tapak tangan ke atas seolah-olah anda membaca buku.

✋ Beritahu orang lain tentang Yesus
> Letakkan tangan seolah-olah anda sedang merebak benih.

- Menekankan bahawa anda adalah sama rohani, kecuali satu perbezaan.

"Satu-satunya perbezaan antara kami ialah bahawa dia (atau dia) melatih rakyat dia menang kepada Kristus untuk melatih orang lain. Saya hanya mengajar orang yang sayamembawa kepada Kristus. Saya tidak melatih mereka untuk melatih orang lain.

"Sekarang, saya ingin menunjukkan perbezaan yang membuat latihan."

- Terangkan bahawa setiap tahun kedua-dua anda dan sukarelawan mencapai satuorang untuk Kristus.
- Kedua-dua anda dan sukarelawan pergi ke penonton, mendapatkan satu orang, membawa mereka kembali ke stesen anda, dan mereka berdiri dengan anda.

"Anda boleh melihat selepas satu tahun, terdapat perbezaan. Saya mempunyai satu orang di sini, dan dia mempunyai seorang di sana."

- Walau bagaimanapun, hanya sukarelawan yang melatih orang yang membawakepada Kristus. Melaksanakan pergerakan tangan yang sama, kali ini, kedua-dua mereka mengamalkan usul tangan bersama-sama. Anda melaksanakan gerakan tangansendiri.

   "Mari kita lihat apa yang berlaku dalam dua tahun. Kedua-dua beliau dan saya menangseseorang kepada Kristus. Satu-satunya perbezaan adalah bahawa dia melatih kaumnya untuk melakukan perkara yang sama. Jadi, pada tahun ini, saya akanmendapat saya seorang, tetapi kedua-dua mereka dalam kumpulan lain akan mendapat orang."

- Kedua-dua anda dan sukarelawan pergi ke penonton untuk memilih murid-murid anda yang seterusnya. Kemudian, murid jurulatih mendapat seorang pengikut.

   "Anda boleh melihat selepas dua tahun bahawa masih terdapat sedikit berbeza-jian:Saya mempunyai dua orang, dia mempunyai tiga."

- Sekali lagi, sukarelawan dan tiga orang dengan dia / amalan gerakan tangan, tetapi anda adalah satu-satunya dalam kumpulan anda yang melakukan gerakan tangan.
- Ulangi proses ini untuk "tahun" beberapa sehingga semua orang dalam latihan telahdipilih. Setiap kali anda melakukan tindakan semata-mata dan memberitahu mualafmereka harus memuji, berdoa, belajar perkataan Tuhan, dan berkongsi berita baik, tetapi tidak melatih mereka untuk melakukannya.
- Pada satu ketika, anda tidak lagi akan ada cukup orang. Dalam kes itu, memberitahuorang ramai bahawa jika mereka tidak boleh mendapatkan lain murid yang penuh penderitaan, menaikkan dua tangan untuk menunjukkan bahawa mereka adalah dua orang kini.

- Dengan lima tahun, pelajar akan kagum dengan bilangan orang yang dilatih olehsukarelawan berbanding num-ber yang diajar oleh anda. Berulang kali menekankan bahawa anda benar-benar cinta murid-murid anda dan mahu mereka menjadi kuat, jadianda mengajar mereka banyak perkara, tetapi anda tidak pernah melatih mereka untuk melatih orang lain.

"Apabila anda sampai ke syurga, apakah jenis hadir yang anda mahu untuk memberi Yesus untuk mati di atas salib untuk anda?–Hanya segelintir orang seperti saya mempunyai, atau sejumlah besar murid murid seperti dia (atau perempuan)?"

- Point sukarelawan di sisi lain dari bilik.

"Allah telah memerintahkan kami untuk membuahkan hasil dan membiak. Saya mahu menjadi seperti Isa lain latihan, yang melatih orang lain. Saya ingin memberi Isa hadir besar ramai orang yang saya telah dilatih dan kemudian yang mempunyai lain-lain yang terlatih. Saya mahu menjadi pramugara khazanah dan masa saya, dan saya mahu hidupdengan integriti."

- Minta kumpulan anda untuk menyertai dengan kumpulan lain dan melatih setiap semua orang agar yang lain boleh menjadi seorang pemenang.
- Tanya sukarelawan dari mengguraukan "Hadiah untuk Yesus" untuk menutup sesi sembahyang.

y
Cinta

Cinta Perkenal Isa sebagai Gembala: gembala plumbum, melindungi, dan memberi makan kambing biri-biri mereka. Kami "suapan" orang-orang apabila kita mengajar mereka dari Firman Tuhan, tetapi apa yang harus menjadi perkara pertama yang kita mengajar orang tentang Tuhan? Pelajar meneroka arahan yang paling penting, mengenal pasti yang sumber cinta, dan mengetahui bagaimana untuk menyembah berdasarkan hukum yang paling penting.

Amalan pelajar mengetuai kumpulan pengikut yang mudah dengan empat unsur utama:pujian (kasih sayang Allah dengan hati seluruh), solat (mengasihi Tuhan dengan segalajiwa), kajian Alkitab (kasih sayang Tuhan dengan minda), dan mengamalkan kemahiran(jadi kita dapat mengasihi tuhandengan segala kekuatan kita). Satu mengguraukan muktamad, "domba dan Harimau," menunjukkan keperluan untuk kumpulan pengikut yang ramai di kalangan orang-orang yang beriman.

Pujian

- Tanya seseorang berdoa di atas kehadiran dan rahmat Allah.
- Nyanyi dua lagu atau pujian bersama-sama.

Sembahyang

- Susun pelajar kepada pasangan dengan seseorang yang mereka telah tidak menjadirakan kongsi dengan sebelum.
- Setiap saham pelajar dengan pasangan mereka jawapan kepada soalan-soalanberikut:

    1. Bagaimana kita boleh berdoa untuk orang yang hilang anda tahu diselamatkan?
    2. Bagaimana kita boleh berdoa untuk kumpulan anda melatih?

- Jika rakan kongsi tidak bermula sesuatu latihan, berdoa untuk orang bermungkinan dalam sfera pengaruh mereka yang mereka boleh mula untuk melatih.
- Pasangan berdoa bersama-sama.

Belajar

mengkaji

Setiap sesi kajian yang sama. Minta pelajar untuk berdiri dan membaca pelajaransebelumnya belajar. Pastikan yang mereka lakukan gerakan tangan, juga.

Adakah Lapan gambar Itu Bantuan kami Ikut Isa?
Askar, Pencari, Pengembara, penabur, Anak, Saint, Hamba, Steward

Darab
Apakah tiga perkara pramugara lakukan?
Apakah perintah pertama tuhan kepada manusia?
Apakah perintah terakhir Yesus kepada manusia?
Bagaimana saya boleh menjadi berbuah dan berganda?
Apakah nama-nama dua laut yang terletak di Israel?
Mengapa mereka begitu berbeza?
Mana satu yang anda mahu menjadi seperti?

Apa Isa Seperti?

— Mark 6:34 - Apabila Isa pergi ke pantai, Dia melihat ramai, dan Dia merasakanperasaan belas kasihan terhadap mereka kerana mereka adalah seperti kambing biri-biri tanpa gembala; dan Dia mula mengajar mereka banyak perkara. (NASB)

"Isa adalah Gembala yang baik. Dia suka yang besar penderitaan, melihat masalah mereka, dan mula untuk mengajar mereka cara Tuhan. Dia tinggal di kami dan melakukan perkara yang sama melalui kehidupan kita."

 Pengembara
   Bergerak tangan ke arah badan anda seolah-olah anda sedang mengumpul orang.

Apakah adalah Tiga Perkara seorang gembala tidak?

— Mazmur 23:01-6 - TUHAN adalah gembala saya, saya tidak akan mahu. Diamembuatkan saya berbaring di padang rumput hijau; Dia membawa saya di sebelahperairan yang

tenang. Beliau mengembalikan jiwaku; Dia memberi petunjuk kepadasaya dalam laluan soleh Demi Namanya. Walaupun saya berjalan melalui lembahbayang-bayang kematian, saya tidak takut kejahatan, bagi Anda adalah dengan saya;rod anda dan kakitangan anda, mereka keselesaan saya. Anda menyediakan meja di hadapan saya di hadapan musuh-musuh saya; Anda mempunyai diurapi kepala sayadengan minyak; limpahan cawan saya. Sesungguhnya kebaikan dan Pengasih akanmengikuti aku semua hari dalam hidup saya, dan saya akan kekal di dalam rumah TUHAN selama-lamanya. (NASB)

1. Pengembala memimpin kambing biri-biri mereka di jalan yang benar.
2. Pengembala melindungi kambing biri-biri mereka.
3. Pengembala memberi makan kambing biri-biri mereka.

"Yesus ialah seorang gembala, dan seperti yang kita mengikuti-Nya, kita akan menjadigembala juga. Kami akan membawa manusia kepada Yesus, melindungi kehidupan penuh penderitaan dari kejahatan, dan memberi mereka makan dari Firman Tuhan."

Apakah Perintah Paling Penting Mengajar Lain?

– Mark 12:28-31 - Salah satu daripada guru undang-undang datang dan mendengar mereka berdebat. Menyedari bahawa Isa telah memberikan mereka jawapan yang baik, beliau bertanya kepadanya, "? Semua perintah-perintah, yang paling penting" "yang paling penting," jawab Isa, "adalah ini: 'Dengarlah, hai orang Israel, Tuhan kami Allah, Tuhan adalah satu. Mencintai Tuhan, Allahmu dengan segenap hatimu dan dengan segenap jiwamu dan dengan segenap akal budimu dan dengan segenap kekuatanmu'kedua ini:' Kasihilah sesamamu manusia seperti dirimu sendiri 'Tiada perintah yang lebih besar daripada ini"..

CINTA TUHAN

> ✋ Letakkan tangan ke atas ke arah Tuhan.

CINTA RAKYAT

> ✋ Letakkan tangan ke luar ke arah orang lain.

Di mana Adakah Cinta Datang Dari?

> — 1 John 04:07, 8 - kawan sekalian, marilah kita mengasihi satu sama lain, kerana cinta itu dari Allah, dan semua orang yang mencintai telah dilahirkan Allah dan tahu Allah. Satu yang tidak suka tidak tahu Tuhan, kerana Tuhan adalah cinta. (HCSB)

CINTA DATANG DARI TUHAN

"Oleh itu ... kita menerima kasih sayang dari Allah, dan kita memberi cinta kembali kepadanya."

> ✋ Letakkan tangan ke atas seolah-olah anda sedang menerima kasih sayang dan kemudian memberi kasih sayang kembali kepada Allah.

"Kami menerima kasih sayang dari Allah, dan kita berikan kepada manusia lain yang penuh penderitaan."

> ✋ Letakkan tangan ke atas jika anda menerima cinta, kemudian merebak tangan seolah-olah anda memberi kepada orang lain.

Apakah Ibadat Mudah?

✋ **Puji**

Angkat tangan di puji kepada Allah.

✋ **Doa**

Meletakkan tangan klasik "tangan berdoa" menimbulkan.

✋ **Kajian**

Meletakkan tangan tapak tangan ke atas seolah-olah anda membaca buku.

✋ **Amalan**

Menggerakkan tangan ke depan dan ke belakang, seolah-olah anda pemutus benih.

Kenapa Kita Mempunyai Ibadat Mudah?

– Mark 12:30 - Cinta Tuhan, Allahmu dengan segenap hatimu dan dengan segenap jiwamu dan dengan segenap akal, dan dengan segala kekuatan anda.

- Mengkaji garis Ibadat mudah dengan pelajar. Setiap sebahagian daripada IbadatMudah melatih kita untuk mematuhi perintah yang paling penting Isa, yang ditemui di Mark 12:30.
- Pelajaran ini menjelaskan tujuan Ibadat Mudah. Mengamalkan gerakan tangan dengan pelajar beberapa kali.

"Kami mengasihi Tuhan dengan hati kita semua, jadi kami memujiNya; kita mengasihi Tuhan dengan semua jiwa kita, jadi kita berdoa, kita mengasihi Tuhan dengan semua minda kita, jadi kami kajian kita mengasihi Tuhan dengan semua kekuatan kita, jadi kita amalkan."

Kita	Perkara	Pergerakan tangan
Cintakan tuhan sepenuh hati kita.	-Memuji	Letakkan tangan ke atas jantung dan kemudian mengangkat tangan di puji kepada tuhan.
Cintakan tuhan sepenuh jiwa kita.	-Berdoa	Klac tangan ke bahagian sisi dan kemudian meletakkan tangan dalam gaya berdoa klasik
Cintakan tuhan sepenuh fikiran kita.	-Belajar	Letakkan tangan di sebelah kanan kepala seolah-olah berfikir, dan kemudian meletakkan tapak tangan ke atas seolah-olah anda membaca buku.
Cintakan tuhan sepenuh kekuatan kita.	-Berkongsi apa yang dibelajari.	Meletakkan lengan dan otot flex, kemudian letakkan tangan keluar menyebarkan benih.a

Berapa Ramai Orang Adakah Ia Ambil Mempunyai Ibadat Mudah?

– Matius 18:20 - di mana dua atau tiga datang Geter di atas nama saya, saya dengan mereka.

"Isa berjanji bahawa di mana dua atau tiga orang-orang yang beriman ke-Geter, Beliauberada di situ dengan mereka."

Ayat memori

– John 13:34, 35 - Jadi sekarang saya memberikan anda satu perintah baru: Cinta antara satu sama lain. Sama seperti saya telah disayangi anda, anda perlu menyukaiantara satu sama lain. Cinta anda untuk satu sama lain akan membuktikan kepada dunia bahawa anda adalah peraturan saya.

- Semua orang berdiri dan berkata ayat memori sepuluh kali bersama. Enam kalipertama, pelajar menggunakan Alkitab mereka atau nota pelajar. Empat kali terakhir, mereka berkata ayat dari ingatan. Pelajar hendaklah berkata sebutan ayat ini setiap kali sebelum mereka memetik ayat dan duduk apabila selesai.
- ini akan membantu jurulatih tahu yang telah selesai lesanak dalam bahagian "Amalan".

Amalan

- Minta pelajar duduk yang dihadapi oleh rakan kongsi doa mereka untuk pengajaran ini.Rakan kongsi mengambil giliran antara satu sama lain mengajar pelajaran.

"Orang yang tertua pasangan akan menjadi pemimpin."

- Ikut Proses Latihan Jurulatih di muka surat 21.
- Menekankan bagaimana anda mahu mereka mengajar segala-galanya dalam bahagian

"Kajian" sama dengan cara anda lakukan.

"Tanya soalan, baca kitab-kitab bersama-sama, dan swer-soalan dengan cara yang sama yang saya lakukan dengan anda."

- Selepas pelajar telah diamalkan melatih antara satu sama lain, mereka menemui satulagi rakan kongsi dan amalan lagi. Tanya pengajaran untuk berfikir tentang seseorang bahawa mereka akan berkongsi pelajaran ini dengan di luar latihan.

"Ambil sedikit masa untuk berfikir tentang seseorang yang anda boleh mengajarpelajaran ini di luar latihan ini. Tulis nama per bahawa anak, di bahagian atas muka surat pertama pelajaran ini."

BERAKHIR

Ibadat mudah

- Bahagikan pelajar kepada kumpulan empat orang. Berikan setiap kumpulan empat, 1minit datang dengan nama bagi kumpulan mereka.
- Pergi sekitar bilik dan meminta kumpulan untuk memberitahu nama mereka telahdipilih.

- Mengkaji langkah-langkah dalam Ibadat Mudah dengan pelajar, memberitahu mereka mereka akan mengamalkan Ibadat Mudah bersama-sama.
- Setiap orang dalam kumpulan Ibadat Mudah harus mengetuai sebahagian yang berbeza dalam masa penyembahan. Sebagai contoh, satu orang membawa pujian, masa satu masa yang lain solat, satu masa yang lain kajian, dan satu masa yang lain amalan.
- Beritahu kumpulan untuk memimpin masa ibadah lembut kerana akan ada kumpulan lain yang berdekatan. Mengingatkan pelajar tidak "mengajar" tetapi "memberitahu" cerita Alkitab. Meminta ketua kajian untuk memberitahu kumpulan mereka cerita tentang kasih Tuhan. Cadangkan kisah anak yang hilang, jika pelajar tidak boleh membuat keputusan yang Alkitab cerita untuk berkongsi. Pemimpin kajian akan bertanya tiga soalan kajian tersebut:

    1. Apakah cerita ini memberitahu kita tentang Tuhan?
    2. Apakah cerita ini memberitahu kita tentang orang?
    3. Bagaimana cerita ini akan membantu saya mengikuti Yesus?

- pemimpin amalan bertanya semula kisah Alkitab bahawa pemimpin kajian memberitahu dan bertanya soalan yang sama pemimpin kajian ditanya, dan kumpulan membincangkan setiap soalan lagi. Mengapa ia penting bagi Anda Mulakan Kumpulan yang pengikut?

BIRI BIRI DAN HARIMAU ❧

- Terangkan bahawa bilik adalah ladang kambing biri-biri. Tanyakan 1 sukarela untuk menjadi pengawal (gembala) untuk domba. Tanya 3 sukarelawan menjadi harimau. Orang lain adalah kambing biri-biri.

"Matlamat permainan ini adalah untuk harimau menyakiti seperti biri-biri yang banyak kerana mereka boleh. Jika pengawal menyentuh harimau, harimau mesti membongkok ke bawah dan 'mati'. Jika harimau menyentuh seekor kambing, kemudian biri-biri mesti membongkok ke bawah dan akan 'menyakitkan.' Pengawal boleh dicederakan jika dua harimau yang menyentuh dia / dia pada masa yang sama. Apabila mana-mana peserta 'kecederaan' atau 'mati', dia / dia berada di luar permainan sehingga permainan tamat."

- Minta kumpulan untuk mengeluarkan buku, pensil, dan lain-lain barangan bermungkinan berbahaya dari lantai sebelum mereka mula.

"Sebahagian daripada anda mungkin menjerit semasa permainan dan OK"

- Kira kepada tiga dan berkata "Pergi!" Biarkan permainan terus sehingga semua harimau mati atau biri-biri sakit. Kebanyakan, jika tidak semua biri-biri akan disakiti. Pengawal boleh dicederakan juga.
- Beritahu kumpulan yang anda akan bermain permainan lagi. Masa ini; bagaimanapun, memilih lima pengawal tambahan dan menyimpan 3 harimau yang sama seperti sebelum ini. Orang lain adalah kambing biri-biri. Menggalakkan kambing biri-biri untuk berhimpit-himpit rapat kepada pengawal dalam kumpulan kecil untuk perlindungan. Bilang kepada tiga dan berkata "Pergi!"
- Mari permainan terus sehingga semua harimau mati atau biri-biri sakit. Semua harimau mati agak cepat. Kambing biri-biri beberapa boleh dicederakan.

"Ini adalah gambar mengapa kita perlu banyak kumpulan baru dan gereja. Permainan pertama adalah seperti satu pastor yang cuba untuk melindungi gereja bulat-bulat dan mahu ia berkembang lebih besar dan lebih besar. Ia adalah mudah syaitan untuk datang dan menyakiti kebanyakan ahli-ahli. Dalam permainan kedua, beberapa pemimpinrohani mampu untuk melindungi kumpulan kecil mereka. Oleh kerana ini, syaitan dan iblis (harimau) tidak mampu untuk mencederakan kambing biri-biri sebagai mudah.

"Isa adalah Gembala yang Baik. Dia memberikan nyawaNya untuk biri-biri. Kami,sebagai gembala di dalam roh, harus bersedia untuk memberi kehidupan'-'kami masa, doa kami, fokus kami orang-orang adalah kambing biri-biri kami, orang-orang yangmemandang kepada kami untuk belajar tentang Yesus. Kita hanya boleh berada di sanabegitu ramai orang pada satu-satu masa, betul? Hanya Yesus adalah menambah kehadiran. Ini merupakan satu lagi sebab bahawa kita harus mengajar orang lain untuk mengajar orang lain supaya ada lebih untuk menanggung beban antara satu sama lain dan sebagainya memenuhi undang-undang Kristus."

# 4

Berdoa

Berdoa mendedahkan pelajar kepada Isa sebagai Satu Suci. Beliau yang menjalani hidup yang suci dan mati untuk kita di atas salib. Tuhan menyuruh kita untuk menjadi orang saleh kerana kami mengikuti Yesus. Seorang saint menyembah tuhan, hidup kehidupan yang suci, dan berdoa untuk orang lain. Berikutan contoh Yesus dalam doa, kita memuji Tuhan, bertaubat dari dosa-dosa kita, meminta Tuhan untuk perkara yang kita perlukan, dan tunduk kepada apa yang Dia meminta kita lakukan.

Tuhan menjawab doa kami di salah satu daripada empat cara: tidak (sekiranya kita bertanya dengan motif salah), perlahan-lahan (jika masa itu tidak betul), berkembang(jika kita perlu untuk membangunkan lebih matang sebelum Dia memberi jawapan), atau pergi (apabila kita berdoa mengikut perkataan dan kehendak-Nya). Pelajar menghafal nombor telefon Tuhan, 3-3-3, berdasarkan Yeremia 33:3 dan digalakkan untuk"memanggil" Tuhan setiap hari.

Pujian

- Tanya seseorang berdoa di atas kehadiran dan rahmat tuhan.
- Nyanyi dua lagu atau pujian bersama-sama.

Sembahyang

- Susun pelajar kepada pasangan dengan seseorang yang mereka telah tidak menjadirakan kongsi dengan sebelum.
- Setiap saham pelajar dengan pasangan mereka jawapan kepada soalan-soalanberikut:

  1. Bagaimana kita boleh berdoa untuk orang yang hilang anda tahu diselamatkan?
  2. Bagaimana kita boleh berdoa untuk kumpulan anda melatih?

- Jika rakan kongsi tidak bermula sesiapa latihan, berdoa untuk berkemungkinan orang dalamsfera pengaruh mereka boleh mula untuk melatih.
- Pasangan berdoa bersama-sama.

Belajar

Permainan telefon ☙

"Pernahkah anda bermain permainan telefon?"

- Jelaskan bahawa anda akan memberitahu orang di sebelah anda beberapa perkataan, dan kemudian mereka akan memberitahu orang yang seterusnya. Setiap orang

- membisikkan sesuatu kepada jiran apa yang mereka telah mendengarsehingga ia pergi di seluruh bulatan.
- orang terakhir akan mengulangi frasa yang mereka dengar. Kamu akan berkata frasayang anda berkata pada mulanya, dan semua orang boleh membandingkan bagaimanaserupa frasa. Memilih frasa yang bodoh yang sedikit dan mempunyai beberapa bahagian. Bermain permainan ini sebanyak dua kali.

"Kita sering mendengar banyak perkara mengenai Tuhan, tetapi kita tidak sentiasabercakap dengan-Nya. Dalam permainan kami, jika anda telah bertanya kepada saya apa yang saya katakan, ia tidak akan menjadi sukar untuk difahami. Apabila andamendengar frasa selepas ia telah melalui beberapa orang, walaupun ia adalah mudah untuk melakukan kesilapan. Doa adalah sangat penting dalam kehidupan rohani kita kerana ia sedang bercakap secara langsung kepada tuhan."

Mengkaji

Setiap sesi kajian yang sama. Minta pelajar untuk berdiri dan membaca pelajaransebelumnya belajar. Pastikan yang mereka lakukan gerakan tangan, juga.

Adakah Lapan gambar Itu Bantuan kami Ikut Isa?
Askar, Pencari, Pengembala, penabur, Anak, Saint, Hamba, Steward

Darab
Apakah tiga perkara pramugara lakukan?
Apakah perintah pertama Allah kepada manusia?
Apakah perintah terakhir Yesus kepada manusia?
Bagaimana saya boleh menjadi berbuah dan berganda?

Apakah dua laut yang terletak di Israel?
Mengapa mereka begitu berbeza?
Mana satu yang anda mahu menjadi seperti?

suka

Apakah tiga perkara seorang gembalalakukan?
Apakah arahan yang paling penting untuk mengajar orang lain?
Mana datanglah cinta dari?
Apakah Ibadat Mudah?
Mengapa kita perlu Ibadat Mudah?
Berapa ramai orang yang diperlukan untuk mempunyai Ibadat Mudah?

Apa Isa Seperti?

— Lukas 04:33-35 - Dalam rumah ibadat yang terdapat seorang lelaki yang dimiliki olehsyaitan, roh jahat. Dia menangis di atas suaranya, "Ha! Apa yang anda mahu dengan kami, Yesus dari Nazaret? Adakah engkau datang untuk memusnahkan kita? Saya tahu siapa anda-Suci tuhan! "" Diam! "Isa berkata tegas. "Marilah daripada dia!" Kemudiansyaitan melemparkan lelaki itu sebelum mereka semua dan keluar tanpa mencederakannya.

"Yesus adalah Salah satu Suci Tuhan. Beliau adalah salah satu kami sembah. Beliau juga perantara bagi kami di hadapan takhta Allah. Dia memanggil kita supaya mereka memberi syafaat bagi pihak lain dan menjalani kehidupan yang suci yang disambungkan kepada-Nya. Yesus adalah Yang Maha Suci. Kita telah dipanggil untuk menjadi orang saleh. "

Saint Letakkan tangan dalam klasik "tangan berdoa" menimbulkan

Apakah adalah Tiga Perkara Saint lakukan?

- Matius 21:12-16 - Isa memasuki kawasan kuil dan menghalau semua yang telahmembeli dan menjual di sana. Dia terbalik jadual pengurup wang dan bangku yangmerpati menjual. "Ia ditulis," katanya kepada mereka, "'rumah-Ku akan disebut rumah doa,' tetapi anda membuat 'sarang perompak." Yang buta dan yang tempang datangkepadanya di kuil, dan ia menyembuhkan mereka. Tetapi apabila ketua imam dan guru-guru undang-undang melihat perkara-perkara yang indah dia lakukan dan kanak-kanak menjerit di kawasan kuil, "Pujilah untuk Anak Daud," mereka marah. "Adakah anda mendengar apa yang kanak-kanak ini berkata?" Mereka bertanya kepadanya. "Ya,"jawab Isa, "anda pernah membaca," 'Dari bibir kanak-kanak dan bayi yang anda telahtetapkan pujian'? "

1. Saints menyembah Allah.

    "Kami memuji Tuhan sebagai kanak-kanak lakukan dalam kuil."

2. Saints hidup kehidupan yang suci.

    "Isa tidak membenarkan rumah bapanya menjadi cemar oleh perasaan tamak."

3. Saints berdoa untuk orang lain.

    "Isa berkata rumah Allah adalah sebuah rumah doa."

"Isa adalah Satu Suci dan tinggal di dalam kita. Seperti yang kita mengikuti-Nya, kita akan berkembang di dalam kesucian seperti umat kudus-Nya. Kami akan menyembah,menjalani kehidupan yang suci dan berdoa untuk orang lain seperti Isa betul-betul."

Bagaimana Sepatutnya Kita Berdoa?

- Lukas 10:21 - *Pada masa itu juga Dia bergembira besar dalam Roh Kudus, dan berkata, "Saya bersyukur kepada-Mu, Ya Bapa, Tuhan langit dan bumi, yang telah Andatersembunyi perkara-perkara ini dari dan arif dan bijaksana tetapi Engkau nyatakan kepada bayi. Ya, Bapa, cara ini juga menggembirakan di sisi anda. "(NASB)*

PUJIAN

"Yesus datang kepada Allah dalam solat, gembira dan memberi terima kasih keranaapa yang Tuhan lakukan di dunia."

pujian
Tangan yang dibangkitkan dalam ibadah.

- Lukas 18:10-14 - *Dua lelaki pergi ke kuil untuk bersembahyang. Satu adalah Farisi dan lain pemungut cukai. Farisi yang berdiri dengan sendiri dan berdoa, "Tuhan, sayamengucapkan terima kasih kepada anda bahawa saya bukan tamak, tidak jujur, dan tidak setia dalam perkahwinan seperti orang lain. Dan saya benar-benar gembira bahawa saya tidak suka bahawa pemungut cukai di sana. Saya pergi tanpa makanuntuk dua hari seminggu, dan saya memberi anda 1/10 semua saya peroleh. "Pemungut cukai berdiri pada jarak dan tidak berfikir dia adalah cukup baik malah untuk mencariarah ke langit. Dia begitu maaf bagi apa yang telah dilakukannya bahawa dia ditumbuk dadanya dan berdoa, "Tuhan, kasihan kepada saya! Saya bersalah." Kemudian Yesus berkata, "Apabila dua orang lelaki pulang ke rumah, ia adalah pemungut cukai dan tidak Farisi yang menggembirakan kepada Tuhan. Jika anda meletakkan diri anda di atas yang lain, anda akan meletakkan. Tetapi jika anda merendah diri diri anda, anda akan dihormati "(CEV)*

BERTAUBAT

"Dalam cerita ini, Yesus menyamakan dua orang lelaki yang sedang menunaikan sembahyang. Apabila Farisi berdoa, dia berasa bangga dan menganggap dirinya di atas 'berdosa'. Apabila pemungut cukai berdoa, dia terus merendahkan dirinya di hadapan Tuhan dan mengaku keadaan berdosa. Yesus berkata pemungut cukai yang gembira dalam doa kepada tuhan.

"Taubat ertinya mengakui dosa kita dan berpaling daripada berbuat demikian lagi. Orang-orang yang bertaubat sudah diampunkan oleh Tuhan."

> **bertaubat**
>  Lengan keluar melindungi muka; kepala berpaling.

– Lukas 11:09 - Jadi saya katakan kepada kamu, terus bertanya, dan ia akan diberikan kepada anda. Menyimpan mencari, dan anda akan mendapati. Teruskan mengetuk, dan pintu akan dibuka kepada anda. (HCSB)

BERTANYA

"Setelah memasuki kehadiran tuhan dengan pujian dan ulang semula, kami bersedia untuk meminta Tuhan untuk perkara yang kita perlu. Ramai orang yang memulakan doa mereka dengan bertanya, tetapi ini adalah kurang ajar. Sembahyang Tuhan mengajar kita bermula dengan memuji Bapa (Matius 6:9) dan kemudian meminta."

Tanya

 Tangan berbentuk Cangkir untuk menerima.

- Lukas 22:42 - Bapa, jika Anda sanggup, mengambil cawan ini dari saya-namun, bukankehendak saya, melainkan biarlah dilakukan. (HCSB)

HASIL

"Yesus menderita di Taman Getsemani mengenai lanjut-salib. Namun, beliau berkata,'Namun begitu, bukan kehendak saya, tetapi milik anda perlu dilakukan.' Selepasmeminta Tuhan untuk perkara yang kita perlu, kita mendengar kepadanya dan tunduk kepada perkara-perkara yang meminta dari kami."

Hasil - Tuhan meminta kita

— Tangan yang dilipat dalam solat dan diletakkan tinggi di atas kepala dan berjaga-melambangkan berkenaan.

berdoa Bersama

- Mengetuai kumpulan dalam masa yang solat dengan menggunakan empat bahagiandoa, satu bahagian pada satu-satu masa.
- Setiap orang dalam kumpulan sembahyang kuat semasa 'Pujian' dan 'Tanya'bahagian. Berdoa senyap semasa 'bertaubat' dan bahagian 'Hasil'.

"Anda akan tahu apabila tiba masa yang bagi seksyen itu apabila saya berkata,'Dansemua orang Tuhan berkata ...Amin."

- Menggalakkan pelajar untuk menggunakan gerak tangan kerana mereka berdoa kepada membantu mereka ingat yang sebahagian daripada doa mereka mengamalkan.

Bagaimana Tuhan Jawapan kami?

— Matius 20:20-22 - Kemudian ibu James dan John, anak-anak Zebedeus dating kepada Yesus dengan anak-anaknya. Dia melutut hormat bertanya sesuatu. "Apakah permintaan anda?" Dia bertanya. Dia menjawab, "di dalam Kerajaan, sila beritahu dua anak saya duduk di tempat kehormatan di sebelah anda, salah satu hak dan yang lain di sebelah kiri anda. "Tetapi Yesus menjawab dengan mengatakan kepada mereka," Anda tidak tahu apa yang anda minta! Adakah andadapat minum dari cawan pahit penderitaan yang saya kira-kira untuk minum? "" Oh ya, "mereka menjawab," kita boleh! "(TLD)

TIDAK

"Ibu James dan John meminta Isa untuk memberi anak-anaknya kedudukan yang paling istimewa dalam kerajaan Yesus. Kebanggaan dan kuasa yang bermotivasi. Isa memberitahunya bahawa beliau tidak akan memberi permintaan itu kerana hanya Bapa mempunyai kuasa itu. Tuhan mengatakan 'tidak' apabila kita meminta dengan motif yang salah."

> Tidak - Kami mempunyai motif yang salah.
> 🖐 kepala geleng isyarat "tidak."

- John 11:11-15 - Selepas dia telah berkata demikian, dia pergi untuk memberitahu mereka, "Sahabat kita Lazarus

telah tertidur, tetapi saya pergi ke sana untukmembangunkan dia." Murid-murid-Nya menjawab, "Tuhan, jika dia tidur, dia akan mendapat yang lebih baik. "Isa telah bercakap kematiannya, tetapi murid-murid-Nya menyangka bahawa beliau bermakna tidur semula jadi. Demikian, maka katanya kepada mereka dengan jelas, "Lazarus mati, dan demi anda saya gembira saya tidak berada di sana, supaya kamu boleh percaya. Tetapi marilah kita pergi kepadanya. "

PERLAHAN

"Yesus tahu bahawa Lazarus sakit, dan Dia boleh sampai lebih awal dan menyembuhkan dia. Walau bagaimanapun, Yesus menunggu sehingga Lazarus matikerana Dia mahu melakukan kerja yang lebih besar kebangkitan. Isa tahu bahawa ia akan mengukuhkan kepercayaan mereka dan membawa lebih kemuliaan kepada Tuhanjika Lazarus bangkit semula. Kadang-kadang kita perlu menunggu kerana masa yang tidak betul."

> Memperlahankan - Kita perlu menunggu pada masa dan Allah tidak kita sendiri.
> 🖐 Tangan tolak ke bawah seperti memperlahankan kereta.

- Lukas 09:51-56 - Seperti masa yang menarik berhampiran untuk dia naik ke syurga, Yesus tegas yang dibentangkan bagi Baitulmuqaddis. Dia menghantar utusan ke hadapan untuk kampung Samaria bersedia untuk ketibaan beliau. Tetapi orang kampung tidak mahu Isa untuk tinggal di sana. Apabila James dan John melihat ini, mereka berkata kepada Yesus, "Tuhan, kita perlu memanggil turun api dari langit untuk membakar mereka? Tetapi Yesus berpaling dan menegur mereka. Jadi mereka pergike kampung lain. (TLD)

PERKEMBANGAN

"Apabila kampung Samaria tidak mengalu-alukan Isa, James dan John mahu Dia untuk memusnahkan seluruh kampung dengan api. Murid-murid itu tidak memahami misi Isa:Beliau datang untuk menyelamatkan orang, tidak membahayakan mereka. Murid-muridtelah beberapa membesar lakukan! Dalam cara yang sama, apabila kita meminta Tuhan untuk perkara-perkara yang kita tidak benar-benar perlu, atau akanmembawa kita dalam kesusahan, atau tidak beratur dengan misi Tuhan untuk hidup kita,Dia tidak memberi mereka. Dia kata kita perlu berkembang."

> Berkembang - Tuhan mahu kita berkembang di sesuatu kawasan terlebih dahulu.
>  Tangan menggariskan sebuah kilang yang membesar.

— John 15:07 - Tetapi jika anda kekal dalam saya, dan kata-kata saya kekal dalam anda, anda boleh meminta apa sahaja yang anda mahu, dan ia akan diberikan! (TLD)

PERGI

"Apabila kita mengikuti Yesus dan hidup dengan perkataan-Nya, kita boleh meminta Tuhan untuk perkara yang kita perlu dan yakin Dia akan memberikan mereka. Tuhanberkata,"Ya! Pergi! Anda boleh!"

> Pergi - Kami telah berdoa mengikut kehendak-Nya dan Dia berkata "ya."
> 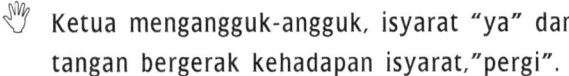 Ketua mengangguk-angguk, isyarat "ya" dan tangan bergerak kehadapan isyarat,"pergi".

Ayat memori

> – Lukas 11:09 - Jadi saya katakan kepada kamu, terus bertanya, dan ia akan diberikan kepada anda. Menyimpan mencari, dan anda akan mendapati. Teruskan mengetuk, danpintu akan dibuka kepada anda. (HCSB)

- semua orang berdiri dan berkata ayat memori sepuluh kali bersama. Enam kali pertama, pelajar menggunakan Alkitab mereka atau nota pelajar. Empat kali terakhir, mereka berkata ayat dari ingatan.Pelajar hendaklah berkata rujukan ayat sebelummereka memetik ayat ini setiap kali dan duduk apabila sirip-ished.
- ini akan membantu jurulatih tahu yang telah selesai pengajaran dalam bahagian "Amalan".

AMALAN

- Minta pelajar duduk yang dihadapi oleh rakan kongsi doa mereka untuk sesi ini.Rakan kongsi mengambil giliran antara satu sama lain mengajar pelajaran.

"Orang yang lebih singkat pasangan akan menjadi pemimpin."

- Ikut Proses Latihan Jurulatih di muka surat 21.
- Menekankan bahawa anda mahu mereka untuk mengajar segala-galanya dalam bahagian "Kajian" sama dengan cara anda lakukan.

"Tanya soalan, baca kitab-kitab bersama-sama, dan menjawab soalan dengan cara yang sama yang saya lakukan dengan anda."

- Selepas pelajar telah diamalkan melatih antara satu sama lain, meminta mereka untuk mencari rakan kongsi dan amalan yang baru sekali lagi. Tanya pengajaran untuk berfikir seseorang bahawa mereka akan berkongsi pelajaran ini dengan di luar latihan.

"Ambil sedikit masa untuk berfikir tentang seseorang yang anda boleh mengajar pelajaran ini di luar latihan ini. Tulis nama seseorang, di bahagian atas muka surat pertama pelajaran ini."

BERAKHIR

Nombor Telefon Tuhan ଓ

"Adakah anda tahu nombor telefon Allah? Ia adalah 3-3-3."

– Yeremia 33:3 – Telefon saya dan saya akan menjawab, dan saya akan memberitahu anda perkara yang besar dan perkasa, yang anda tidak tahu. (NASB)

"Pastikan anda memanggil-Nya setiap hari. Dia sedang menunggu untuk mendengar daripada anda dan suka bercakap dengan kanak-kanak-Nya!"

Dua Tangan-Sepuluh Jari ଓ

- Pegang dua tangan.

"Terdapat dua jenis orang yang kita harus berdoa setiap hari: orang-orang yang berimandan orang-orang kafir.

"Kita berdoa untuk orang-orang yang beriman bahawa mereka akan mengikuti Isa dankereta api lain untuk melakukan perkara yang sama. Kita berdoa untuk orang-orang kafirbahawa mereka akan menerima Kristus."

- Menggalakkan pelajar untuk memilih lima orang mengira pada tangan kanan merekayang tidak beriman lagi. Menghabiskan masa berdoa bagi mereka untuk menjadipengikut Yesus.
- Pada tangan kiri, pelajar harus termasuk orang-orang yang beriman mereka tahu yang mereka boleh melatih untuk mengikuti Yesus. Menghabiskan masa berdoa untuk orang-orang yang beriman ini untuk mengikuti Yesus dengan semua hati mereka.

5

Ketaatan

Taatlah kamu kepada mendedahkan pelajar kepada Isa sebagai Hamba : penjawat membantu orang; mereka mempunyai hati yang merendah diri, dan mereka taat kepadatuan mereka. Dengan cara yang sama Hazrat Isa dan diikuti Bapa-Nya, kita kiniberkhidmat dan mengikuti Yesus. Sebagai salah satu dengan pihak berkuasa semua, Dia telah memberikan kita empat perintah untuk mentaati: pergi, membuat murid-murid, membaptis, dan mengajar mereka untuk patuhi semua Dia perintahkan. Yesus jugaberjanji bahawa Dia sentiasa akan bersama kita. Apabila Isa memberi arahan, kita harus mentaati semua masa, dengan serta-merta, dan dari hati yang cinta.

Ribut dalam kehidupan datang kepada semua orang, tetapi orang yang bijak membinahidupnya mematuhi perintah Yesus; lelaki yang bodoh tidak. Akhir sekali, pelajar mula 1Akta peta 29, gambar medan tuaian mereka, yang mereka akan membentangkan pada akhir Seminar murid murid.

Pujian

- Tanya seseorang berdoa di atas kehadiran dan rahmat Allah.
- Nyanyi dua lagu atau pujian bersama-sama.

Sembahyang

- Susun pelajar kepada pasangan dengan seseorang yang mereka telah tidak menjadi rakan kongsi dengan sebelum.
- Setiap saham pelajar dengan pasangan mereka jawapan kepada soalan-soalan berikut:

  1. Bagaimana kita boleh berdoa untuk orang yang hilang anda tahu diselamatkan?
  2. Bagaimana kita boleh berdoa untuk kumpulan anda melatih?

- Jika rakan kongsi tidak bermula sesiapa latihan, berdoa untuk berkemungkinan orang dalam sfera pengaruh mereka boleh mula untuk melatih.
- Pasangan berdoa bersama-sama.

Belajar

Lakukan Ayam Funky! ଓ

"Saya akan melakukan sesuatu hari ini saya berharap anda tidak pernah untuk mendapatkan. Berdiri dalam bulatan dan melihat saya. Saya mahu anda untuk meniru semua yang saya lakukan."

- kali pertama, menunjukkan gerakan tangan yang mudah bahawa malam-ryone boleh menyalin. Contoh-contoh termasuk menguap, menepuk pipinya anda, menggosok siku, dll. Adakah mereka perlahan-lahan dan hanya cukup bahawa semua orang boleh melakukannya dengan mudah mereka.

"Adakah ia mudah untuk mengikuti saya? Mengapa?

"Ia adalah mudah untuk menyalin saya kerana saya lakukan segala-galanya semata-mata. Sekarang, saya mahu anda untuk menyalin saya lagi. Ingat, lakukan setiapperkara-sama dengan cara yang saya lakukan."

- kali kedua, menunjukkan usul yang gabungan pertama tarian Ayam Funky, John Travoltado-disko, dan musang berlari kecil .
- gila anda sendiri, tarian rumit bahawa tiada siapa yang boleh menyalin. Ada yangcuba untuk meniru anda, tetapi kebanyakan hanya akan ketawa dan berkata ia adalah mustahil.

"Adakah ia mudah untuk mengikuti saya masa itu? Mengapa?

"Kami mengajar anda pelajaran yang mudah untuk membiak. Dan apabila kita mengajarpelajaran cara ini, anda boleh melatih orang lain yang akan melatih orang lain. Apabilapengajaran terlalu rumit, orang tidak boleh berkongsi dengan orang lain. Apabila andamengkaji cara Isa diajar, anda mendapati bahawa Beliau berkongsi pengajaran mudah kehidupan manusia penuh penderitaan masih ingat dan memberitahu orang lain. Kamimahu mengikuti kaedah Isa apabila kita melatih yang lain."

mengkaji

Setiap sesi kajian yang sama. Minta pelajar untuk berdiri dan membaca pelajaransebelumnya belajar. Pastikan yang mereka lakukan gerakan tangan, juga.

Adakah Lapan gambar Itu Bantuan kami Ikut Isa?
Askar, pencari , Pengembala, penabur, Anak, Saint, Hamba, Steward

Darab
Apakah tiga perkara pramugara lakukan?
Apakah perintah pertama tuhan kepada manusia?
Apakah perintah terakhir Yesus kepada manusia?
Bagaimana saya boleh menjadi berbuah dan berganda?
Apakah dua laut yang terletak di Israel?
Mengapa mereka begitu berbeza?
Mana satu yang anda mahu menjadi seperti?

Suka
Apakah tiga perkara seorang gembala lakukan?
Apakah arahan yang paling penting untuk mengajar orang lain?
Mana datanglah cinta dari?
Apakah Ibadat Mudah?
Mengapa kita perlu Ibadat Mudah?
Berapa ramai orang yang diperlukan untuk mempunyai Ibadat Mudah?

Berdoa
Apakah tiga perkara seorang wali lakukan?
Bagaimana kita harus berdoa?
Bagaimana Tuhan akan menjawab kami?
Apakah nombor telefon tuhan?

Apa Isa Seperti?

> – Mark 10:45 - Untuk Anak Manusia datang tidak disampaikan, tetapi untuk berkhidmat kepada orang lain, dan untuk memberi kehidupan sebagai wang tebusan bagi banyak. (TLD)

"Isa adalah Hamba. Semangat Yesus adalah untuk berkhidmat kepada Bapa-Nya dengan memberikan hidup-Nya kepada umat manusia."

hamba
 Bayangkan untuk menukul.

Apakah adalah Tiga Perkara seorang hamba tidak?

> – Filipi 2:05-8 - sikap anda harus sama seperti Kristus Yesus: Siapa, berada dalam sifat Allah, tidak menganggap persamaan dengan sesuatu yang Allah harus dipertahankan, tetapi dibuat sendiri apa-apa, mengambil sifat seorang hamba, yang dibuat serupa manusia. Dan didapati dalam penampilan sebagai seorang lelaki, dia merendahkan dirinya dan menjadi taat kepada kematian-kematian di atas salib!

1. Hamba membantu orang lain.

    "Yesus mati di atas salib untuk membantu kita kembali kepada keluarga Allah."

2. Hamba mempunyai hati yang merendah diri.
3. Hamba taat kepada tuan mereka.

"Yesus taat kepada Bapa. Kita mesti mematuhi kami ketua."

"Yesus membantu kami dengan mati di atas salib untuk dosa-dosa kita. Dia merendah diri sendiri dan sentiasa berusaha untuk mentaati Bapa-Nya. Isa adalah hamba dankehidupan di dalam diri kita. Seperti yang kita mengikuti-Nya, kita akan menjadi hamba,terlalu. Kami akan membantu orang lain, mempunyai jantung merendah diri, dan taatlah kepada tuan-Isa kami."

Yang Mempunyai Pihak Berkuasa Tertinggi di Dunia?

— Matius 28:18 - Kemudian Yesus datang kepada mereka dan berkata, "Semua pihak berkuasa di langit dan di bumi telah diberikan kepada saya."

"Yesus adalah kuasa tertinggi di syurga dan di bumi. Beliau mempunyai kuasa yanglebih daripada ibu bapa, guru-guru kami, dan pegawai-pegawai kerajaan. Malah,Dia mempunyai kuasa dan kuasa yang lebih daripada semua orang di bumi bersama.Kerana Dia mempunyai kuasa tertinggi, apabila Allah memberi kita mula-mand, kita perlu taat kepada-Nya sebelum orang lain."

Adakah Empat Perintah Isa Adakah Memandangkan beriman Setiap?

- Matius 28:19-20a - Karena itu pergilah, jadikanlah semua bangsa murid-Baptiskan mereka dalam nama Bapa dan Anak dan Roh Kudus, dan mengajar mereka melakukan segala sesuatu yang telah Kuperintahkan kepadamu.

PERGI

> ✋ Gerakkan jari ke hadapan "berjalan kaki."

JADIKAN MURID-MURID

> ✋ Gunakan empat semua gerak tangan dari Ibadat mudah: pujian, berdoa, kajian, amalan.

MEMBAPTIS MEREKA

> ✋ Letakkan tangan anda di atas siku anda yang lain, menggerakkan siku ke atas dan ke bawah seolah-olah seseorang sedang dibaptiskan.

AJAR MEREKA MEMATUHI PERINTAH-NYA

> ✋ Letak tangan bersama-sama sebagai jika anda membaca buku, dan kemudianbergerak "buku" dan berulang-alik dari kiri ke kanan seolah-olah anda mengajar orang.

Bagaimana Sepatutnya Kita Patuhi Isa?

"Saya ingin berkongsi tiga kisah dengan anda yang menggambarkan jenis ketaatan Tuhan berhasrat daripada kami. Sila mendengar dengan teliti supaya anda boleh mengulangi mereka apabila anda mengajar pengajaran kepada pasangan anda dalam beberapa minit."

SEPANJANG MASA

"Seorang anak memberitahu bapanya dia akan taat kepadanya setiap bulan tahun kecuali satu. Pada bulan itu, dia akan buat apa yang dia suka (minuman alkohol, berhenti pergi ke sekolah, dan sebagainya). Apa yang anda fikir ayah yang berkata?

"Budak yang sama kepada ayahnya, 'Saya akan patuh kepada kamu setiap minggu setiap tahun, tetapi untuk satu minggu, saya akan melakukan apa yang saya ingin.'(Adakah dadah, lari dari rumah, dsb.) Apakah yang anda fikir ayah yang berkata ?

"Kemudian, budak itu berkata, 'Saya akan patuh kepada kamu setiap hari, sepanjang tahun, kecuali satu. Dalam satu hari itu saya akan melakukan apa sahaja yang saya mahu '(Berkahwin; membunuh seseorang, dan sebagainya). Apa yang anda fikir ayahyang berkata?

"Kami menjangkakan anak-anak kita untuk mematuhi semua masa. Dengan cara yang sama, apabila Yesus memberikan kita perintah, Beliau menjangkakan kami untuk taat kepada-Nya pada setiap masa."

> **Semua masa**
> ✋ Gerakkan tangan kanan dari sebelah kiri ke kanan.

SEGERA

"Ada seorang gadis yang mencintai ibunya sangat. Ibunya menjadi sangat sakit dan mati. Rama-rama bertanya kepada anaknya, 'Tolonglah, saya minum air. Anak perempuan itu berkata,'Ya, saya akan … (jeda pendek) minggu depan.'Apa yang anda fikir ibu berkata?

"Kami menjangkakan anak-anak kita mematuhi serta merta, tidak mengikut keselesaan mereka. Dengan cara yang sama, apabila Yesus memberikan kita perintah, Beliau menjangkakan kami untuk taat kepada-Nya serta-merta, bukan pada masa depan."

> **serta-merta**
> 🖐 Gerakkan tangan atas ke bawah dalam gerakan menghiris.

DARIPADA JANTUNG MENGENAI CINTA

"Terdapat seorang pemuda yang ingin berkahwin. Saya memberitahunya bahawa saya akan membuat robot yang taat kepada setiap arahan beliau. Apabila dia datang ke rumah dari kerja, robot akan berkata, 'Saya menyayangi anda, anda adalah seorang pekerja keras.' Jika dia bertanya kepada isteri robot untuk berbuat apa-apa, dia selalu akan berkata, 'Ya, madu. Anda adalah manusia yang terbesar di dunia. 'Apa yang anda fikir kawan saya berfikir tentang isteri seperti ini? (Meniru robot apabila anda mengatakan apa yang robot akan berkata.)

"Kami mahu suka datang dari hati yang benar, bukan dari perlaksanaan robot. Kami mahu cinta sejati. Dengan cara yang sama, Allah mahu kita taat dari hati yang cinta."

> **Dari hati yang cinta**
> 🖐 bersilang tangan atas dada dan kemudian mengangkat tangan di puji kepada Allah.

- Mengkaji tiga usul tangan beberapa kali:

"Yesus mahu kita taat kepada-Nya:. Sepanjang masa, dengan serta-merta, dari hati yang cinta"

"Yesus telah memberikan arahan yang beriman setiap empat. Bagaimana kita harus mentaati? "

DIA PERINTAH KITA UNTUK PERGI.

✋ Gerakkan jari ke hadapan "berjalan kaki."

BAGAIMANA KITA SEHARUSNYA TAAT?

"Semua masa, dengan serta-merta, dari hati yang cinta."

DIA PERINAHKAN KITA MENJADIKAN MURID-MURID.

✋ Gunakan empat semua gerak tangan dari Ibadat mudah: pujian, berdoa, kajian, amalan.

BAGAIMANA KITA SEHARUSNYA TAAT?

"Semua masa, dengan serta-merta, dari hati yang cinta."

DIA PERINTAH KITA MEMBAPTIS.

✋ Letakkan siku tangan kanan di telapak tangan kiri anda. Lean lengan kanan belakang dan kemudian naik.

BAGAIMANA KITA SEHARUSNYA TAAT?

"Semua masa, dengan serta-merta, dari hati yang cinta."

DIA PERINTAH KITA MENGAJAR MEREKA MEMATUHI PERINTAH-NYA.

> ✋ Letakkan tangan seolah-olah anda membaca buku, dan kemudian bergerak "buku" ke depan dan ke belakang di dalam bulatan separuh seolah-olah anda mengajar orang

BAGAIMANA KITA SEHARUSNYA TAAT?

"Semua masa, dengan serta-merta, dari hati yang cinta."

Apa Adakah Yesus Janji beriman Setiap?

> — Matthew 28:20 b - Dan sesungguhnya saya dengan anda selalu, akhir zaman.

"Yesus selalu bersama kita. Dia dengan kami di sini sekarang."

Ayat memori

> — John 15:10 - Apabila kamu mentaati perintah-perintah saya, anda kekal dalam cinta saya, hanya kerana saya mentaati perintah-perintah Bapa-Ku dan kekal dalam cintanya. (TLD)

- Semua orang berdiri dan berkata ayat memori sepuluh kali bersama. Enam kalipertama, pelajar menggunakan Alkitab mereka atau nota pelajar. Empat kali terakhir, mereka berkata ayat dari ingatan. Pelajar hendaklah berkata rujukan sebelum setiap kalimereka memetik ayat dan duduk apabila selesai.
- ini akan membantu jurulatih tahu yang telah selesai pelajaran dalam bahagian "Amalan".

AMALAN

- Minta pelajar duduk yang dihadapi oleh rakan kongsi doa mereka untuk sesi ini. Rakan kongsi mengambil giliran antara satu sama lain mengajar pelajaran.

  "Orang yang tertinggi pasangan akan menjadi pemimpin."

- Ikut Proses Latihan Jurulatih di muka surat 21.
- Menekankan bahawa anda mahu mereka untuk mengajar segala-galanya dalam bahagian

  "Kajian" sama dengan cara anda lakukan.

  "Tanya soalan, baca Kitab Suci bersama-sama, dan menjawab soalan dengan cara yang sama yang saya lakukan dengan anda."

- Selepas pelajar telah diamalkan melatih antara satu sama lain, meminta mereka untuk mencari rakan kongsi dan amalan yang baru sekali lagi. Tanya pengajar untuk berfikir seseorang bahawa mereka akan berkongsi pelajaran ini dengan di luar latihan.

  "Ambil sedikit masa untuk berfikir tentang seseorang yang anda boleh mengajar pelajaran ini di luar latihan ini.

Tulis nama per bahawa anak, di bahagian atas muka surat pertama pelajaran ini."

BERAKHIR

Membina Pada Yayasan Sebenar ❧

- Minta tiga sukarelawan untuk seterusnya mengguraukan: dua untuk melaksanakansenda-gurau dan satu untuk menjadi Anas. Letakkan kedua-dua sukarelawan di hadapan anda dan perawi ke sisi. Kedua-dua sukarelawan yang melaksanakan mengguraukan perlu menjadi lelaki.
- Tanya Anas untuk membaca Matius 7:24-25

    "Orang yang bijak membina rumahnya di atas batu."

    > — *Matthew 07:24, 25 - Sesiapa yang mendengar dan taat kepada ajaran-ajaran ini sayaadalah seperti orang yang bijak yang membina sebuah rumah di atas batu pepejal. Hujan turun mencurah-curah, sungai menjadi banjir, dan angin mengalahkan terhadap rumah itu. Tetapi ia tidak jatuh, kerana ia dibina di atas batu pepejal. (CEV)*

- Selepas Anas membaca petikan tersebut, terangkan apa berlaku kepada seorang lelaki yang bijak, membuat bunyi seperti angin sambil menuang air ke ataskepala sukarelawan yang pertama.
- Sembunyikan botol air berhampiran sebelum mengguraukan.
- Tanya Anas untuk membaca Matius 7:26-27

    "Orang yang bodoh membina rumahnya di atas pasir."

— Matius 7:26-27 - *Sesiapa yang mendengar ajaran saya dan tidak taat kepada merekaadalah seperti orang bodoh yang membina sebuah rumah di atas pasir. Hujan turun mencurah-curah, sungai menjadi banjir, dan angin meniup dan memukul terhadap rumahitu. Akhirnya, ia jatuh dengan kemalangan. (CEV)*

- Selepas riwayat, terangkan apa yang berlaku kepada manusia yang bodoh, yangmembuat bunyi seperti angin manakala menuang air di kepala sukarelawan kedua. Dia harus jatuh pada akhir mengguraukan itu seperti yang kamu katakan, "Dan hebat adalahkejatuhan rumah itu."

"Apabila kita taat perintah Yesus, kita adalah seperti orang bijak. Apabila kita tidak, kitaadalah seperti orang bodoh. Kami mahu memastikan bahawa orang-orang yang kitalatihan, mendasarkan kehidupan mereka mematuhi arahan Isa. Firman-Nya adalah satu asas yang sol-id dalam kesukaran hidup."

Kisah 29 Peta - Bahagian 1 ↷

- Selepas mengguraukan "asas yang benar", memberi setiap pelajar sekeping kertas poster, pen, pensil, pensil warna, krayon, penanda, dll.
- Terangkan bahawa semua orang akan membuat peta tempat di mana tuhan telahmemanggil beliau untuk pergi. Akan ada berasingan ke-Wakil Agensi kali semasa latihan yang mereka boleh bekerja pada peta mereka. Mereka boleh bekerja padamereka semasa waktu malam juga. Peta ini mewakili ketaatan mereka kepada perintah Yesus untuk pergi ke seluruh dunia.
- Minta pelajar untuk melukis peta tuhan tempat yang telah memanggil mereka untuk pergi. Peta mereka perlu termasuk jalan raya, sungai, gunung, mercu tanda, dll.

Jikapelajar tidak tahu di mana Tuhan memanggil mereka, menggalakkan mereka untuk melukis peta yang termasuk di mana mereka tinggal dan bekerja serta menjadi tempattinggal orang-orang penting bagi mereka. Ini adalah satu titik permulaan yangcemerlang.

Peta Simbol mungkin

rumah
Hospital / Klinik
Kuil
gereja
rumah Gereja
Pangkalan tentera
masjid
sekolah
pasaran

Pelajar lebih cenderung untuk membuat lebih baik peta apabila mereka ...

- Adakah draf kasar pertama dan salin ke lembaran kertas yang bersih selepas itu.
- Dapatkan idea-idea baru dengan berjalan sekeliling dan melihat apa yang orang lain lakukan pada peta mereka.
- Memahami mereka akan membentangkan peta kepada kumpulan pada akhir latihan.
- Gunakan krayon atau pensel warna untuk membuat peta lebih warna warni

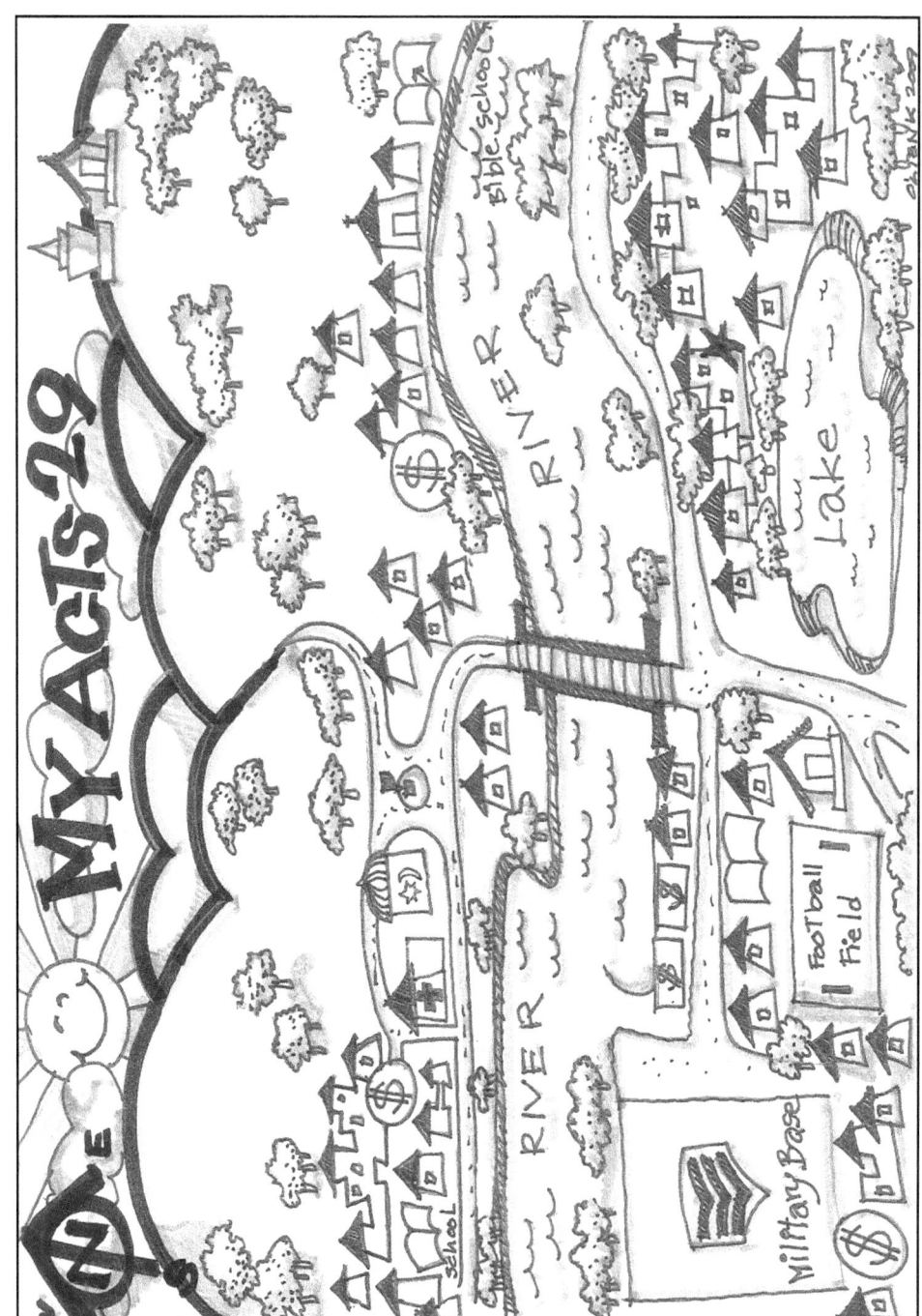

6

Berjalan

Berjalan kaki mendedahkan pelajar kepada Isa sebagai Anak: kepujian anak lelaki / anak perempuan / bapanya, berhasrat perpaduan, dan mahu keluarga untuk berjaya. Bapa yang dipanggil Yesus "tercinta" dan Roh Kudus turun ke atas Isa di baptis-Nya. Isa berjaya di kementerian-Nya kerana Dia bergantung kepada kuasa Roh Kudus.

Dengan cara yang sama, kita mesti bergantung kepada kuasa Roh Kudus dalam kehidupan kami. Kami mempunyai empat arahan untuk taat mengenai Roh Kudus: berjalan kaki dengan Roh, tidak berdukacita Roh, akan dipenuhi dengan Roh, dan tidak menghilangkan Roh. Isa dengan kami hari ini dan ingin untuk membantu kami sebagaimana Dia membantu orang di jalan raya Galilea. Kita boleh menyeru kepada Yesus jika kita perlu penyembuhan daripada sesuatu yang menghalang kita daripada berikutan Nya.

Pujian

- Tanya seseorang berdoa di atas kehadiran dan rahmat tuhan.
- Nyanyi dua lagu atau pujian bersama-sama.

Sembahyang

- Susun pelajar kepada pasangan dengan seseorang yang mereka telah tidak menjadi rakan kongsi dengan sebelum.
- Setiap saham pelajar dengan pasangan mereka jawapan kepada soalan-soalanberikut:

    1. Bagaimana kita boleh berdoa untuk orang yang hilang anda tahu diselamatkan?
    2. Bagaimana kita boleh berdoa untuk kumpulan anda melatih?

- Jika rakan kongsi tidak bermula sesiapa latihan, berdoa untuk po-tential orang dalamsfera pengaruh mereka boleh mula untuk melatih.
- Pasangan berdoa bersama-sama.

Belajar

Daripada Gas ☙

"Apa yang akan kamu fikirkan jika saya menolak motosikal saya dimana mana dan tidak pernah diisi dengan gas?"

- Tanya seorang sukarelawan. Sukarelawan yang akan anda "kitaran motor." Tolak motosikal anda untuk bekerja, ke sekolah, ke pasar, dan melawat kawan. Di rumahkawan anda, mereka meminta untuk menunggang motosikal "anda dengan anda.Biarkan mereka dan kemudian tolak mereka juga. Menunjukkan bagaimana meletih kan ini akan menjadi.

"Jelas sekali, ia adalah lebih baik apabila anda meletakkan petrol di motosikal anda.Maka anda boleh melakukan semua perkara-perkara ini lebih mudah. "

- Pusingkan butang kunci dan sepakan-mula "motosikal." Pastikan ia membuat bunyi motosikal.
- Anda mungkin terpaksa berhenti dan "menetapkan" motosikal itu beberapa kali, jikaia berhenti membuat bising. Adakah semua perkara yang anda lakukan sebelum ini,tetapi sekarang ia adalah tanpa tenaga kerana anda tidak mempunyai untuk menolakmotosikal. Apabila kawan anda meminta untuk menunggang, membiarkan mereka di atas motosikal, dan berkata, "Ia tidak ada masalah. Saya mempunyai banyak kuasa sekarang. "

"Motosikal adalah seperti kehidupan rohani kita. Ramai orang 'tolak' kehidupan rohani mereka di sekitar, bergantung kepada kekuatan mereka sendiri. Hasilnya, berjalan kakiKristian mereka adalah sukar, dan mereka mahu berputus asa. Lain-lain telah menemuikuasa Roh Kudus dalam kehidupan mereka. Dia adalah seperti gas di motosikal. Roh Kudus memberikan kita kuasa yang kita perlu untuk berbuat apa sahaja Isa arahan. "

Mengkaji

Setiap sesi kajian yang sama. Minta pelajar untuk berdiri dan membaca pelajaran sebelumnya belajar. Pastikan yang mereka lakukan gerakan tangan, juga.

Adakah Lapan gambar Itu Bantuan kami Ikut Isa?

Darab

Apakah tiga perkara pramugara lakukan?
Apakah perintah pertama tuhan kepada manusia?
Apakah perintah terakhir Yesus kepada manusia?
Bagaimana saya boleh menjadi berbuah dan berganda?
Apakah dua laut yang terletak di Israel?
Mengapa mereka begitu berbeza?
Mana satu yang anda mahu menjadi seperti?

Suka

Apakah tiga perkara seorang gembala lakukan?
Apakah arahan yang paling penting untuk mengajar orang lain?
Mana datanglah cinta dari?
Apakah Ibadat Mudah?
Mengapa kita perlu Ibadat Mudah?
Berapa ramai orang yang diperlukan untuk mempunyai Ibadat Mudah?

Berdoa

Apakah tiga perkara seorang wali lakukan?
Bagaimana kita harus berdoa?
Bagaimana Tuhan akan menjawab kami?
Apakah nombor telefon tuhan?

Taat

Apakah tiga perkara seorang hamba lakukan?
Siapa yang mempunyai kuasa tertinggi?
Apakah empat arahan Isa telah diberikan kepada setiap mukmin?
Bagaimana kita harus mentaati Isa?
Apa yang Isa menjanjikan kita?

Apa Isa Seperti?

— Matius 3:16-17 - Selepas Yesus dibaptis, Dia naik dengan serta-merta dari air. Langit tiba-tiba dibuka untuk-Nya, dan Dia melihat Roh Allah turun seperti burung merpati dandatang Dia. Dan datang suara dari langit: "Ini adalah Anak yang dikasihi saya. Saya mengambil kegembiraan dalam-Nya! "(HCSB)

"Isa adalah Anak. 'Anak lelaki ' kesayangan Yesus mengenai bagi diriNya. Beliau merupakan orang pertama untuk memanggil Tuhan yang kekal, 'Bapa'. Kerana kebangkitan-Nya, kini kita boleh menjadi sebahagian daripada keluarga Tuhan juga."

> **Anak / anak**
> 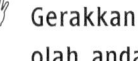 Gerakkan tangan ke arah mulut seolah-olah anda sedang makan. Anak-anak makan banyak!

Apakah adalah Tiga Perkara seorang Anak lakukan?

— John 17:04, 18-21 - (Isa berkata ...) Saya telah membawa kemuliaan kepada anda disini di bumi dengan melengkapkan kerja-kerja yang anda berikan kepada saya untuk melakukan. Sama seperti anda menghantar saya ke dunia, saya menghantar mereka ke dunia. Dan saya memberi diri saya sebagai pengorbanan suci untuk mereka supaya mereka boleh dibuat suci oleh kebenaran anda. Saya berdoa bukan hanya untuk murid-murid ini tetapi juga untuk semua yang pernah akan percaya kepada saya melalui mesej mereka. Saya berdoa bahawa mereka semua akan menjadi satu, sama seperti anda dan saya adalah satu seperti anda berada di dalam saya, Bapa,

dan saya di dalam kamu. Dan mereka mungkin kepada kami agar dunia akan percaya anda menghantarsaya. (TLD)

1. Anak-anak menghormati bapa mereka.

    Isa membawa kemuliaan kepada Bapa-Nya manakala Beliau adalah di bumi.

2. Anak-anak mahu perpaduan dalam keluarga.

    Yesus mahu pengikut-Nya untuk menjadi satu, sama seperti Dia dan Bapa-Nya adalah satu.

3. Anak-anak mahu keluarga untuk berjaya.

    Sama seperti Tuhan telah mengutus Yesus ke dunia untuk berjaya, Jesus menghantar kami untuk berjaya juga.

"Yesus ialah seorang anak lelaki, dan Dia hidup dalam kita. Seperti yang kita mengikuti-Nya, kita akan menjadi anak-anak lelaki dan anak-anak perempuan. Kami akanmenghormati Bapa Syurgawi kita, perpaduan keinginan dalam keluarga Allah, dan kerja-bertaqwa kejayaan Kerajaan Allah."

Mengapa Adakah Kementerian Isa 'yang berjaya?

– Lukas 4:14 - (selepas godaan Nya) Dan Isa kembali ke Galilea dalam kuasa Roh, danberita tentang Dia merebak melalui semua daerah sekitarnya. (NASB)

"Roh Kudus berikan kepada Nabi Isa kuasa untuk berjaya. Isa dilakukan pada kuasaRoh, bukan oleh kekuatan-Nya.

Apabila kita mengikut Isa, kita menyalin cara Diaministered. Isa terus bergantung pada tuhan Suci , Sebab Isa terpaksa bergantung kepada Roh Kudus, berapa banyak lagi kita! "

Apakah Adakah orang-orang yang beriman Janji Isa Mengenai Roh Kudus Sebelum Salib?

- John 14:16-18 - Dan saya akan minta kepada Bapa, dan dia akan memberikan andasatu lagi Kaunselor bersama anda selama-lamanya-Roh kebenaran. Dunia tidak dapatterima dia, kerana ia tidak melihat dia tidak tahu dia. Tetapi anda kenal dia, kerana dia tinggal dengan anda dan akan berada di dalam anda. Saya tidak akan meninggalkan kamu sebagai anak-anak yatim, saya akan datang kepada kamu.

1. Dia akan memberikan kita Roh Kudus.
2. Roh Kudus yang akan bersama kita selama-lamanya.
3. Roh Kudus akan berada di dalam kita.
4. Kita akan sentiasa menjadi sebahagian daripada keluarga Tuhan.

"Kami adalah sebahagian daripada keluarga-Nya kerana Roh Kudus tinggal di dalam kita."

Apakah Adakah orang-orang yang beriman Janji Isa Mengenai Roh Kudus SelepasKebangkitan-Nya?

– Kisah Para Rasul 1:8 - Tetapi anda akan menerima kuasa apabila Roh Kudus datangpada anda. Dan anda akan menjadi saksi saya di Yerusalem, dan dalam semua Judea dan Samaria, dan hujung bumi. (TLD)

"Roh Kudus akan memberikan kita kuasa apabila Dia datang kepada kami."

Apakah Empat Perintah untuk Patuhi Tentang Roh Kudus?

> – Galatia 5:16 - Tetapi saya berkata, berjalan oleh Roh, dan anda tidak akanmenjalankan keinginan daging. (NASB)

BERJALAN DENGAN SEMANGAT

- Pilih sukarelawan. Rakan-rakan perlu menjadi lelaki / lelaki atau perempuan / wanita dan tidak bercampur-campur. (Adakah ia cara ini melainkan jika ia adalah budaya yang sesuai untuk lelaki dan wanita untuk melakukan jumlah besar bersama-sama.)

  "Saya dan rakan saya akan tunjukkan kepada anda beberapa kebenaran tentang berjalan dengan Roh Tuhan. Dalam mengguraukan ini, saya diri saya sendiri, dan pasangan saya adalah Roh Kudus. Alkitab berkata, 'Berjalan oleh Roh.'"

- menunjukkan "berjalan oleh Roh" dengan pasangan anda. Biarkan pasangan andamenjadi 'Roh Kudus' Anda dan pembahagi anda berjalan bersama-sama tangan dalam tangan, bahu dan berbisik-bisik. Apabila Roh Kudus mahu pergi beberapa-mana, pergi dengan dia / beliau. Kadang-kadang, walaupun cuba untuk berjalan kaki dari mana Roh Kudus akan. Tetap bergabung dengan pasangan anda kerana Roh Kudus tidak pernah meninggalkan kita. Berjuang kerana dia akan satu cara, dan anda akan lain.

"Kita harus berjalan jalan keinginan Roh Kudus dan tidak kita sendiri. Kadang-kadang kita mahu pergi hala tuju kita sendiri, dan ini menyebabkan masalah rohani dan konflik besar di tengah-tengah kami."

> Berjalan dengan Roh
> ✋ "Berjalan" jari di kedua-dua belah tangan.

– Efesus 4:30 - Dan Roh Kudus tidak bersedih hati Tuhan, yang telah dimeteraikan anda untuk hari penebusan. (HCSB)

JANGANLAH ENGKAU BERDUKACITA ROH

"Alkitab berkata, 'Jangan bersedih Roh Kudus.' Roh Kudus mempunyai perasaan, dan kita boleh membuat Nya sedih."

- Berjalan di sekeliling dengan Roh Kudus (pasangan anda) dan mula mengumpattentang seseorang dalam kumpulan. Apabila anda melakukan ini, Roh Kudus bermulauntuk bersedih. Berpura-pura memilih bergaduh dengan pelajar lain, dan Roh Kudus menyakitkan hati lagi.

"Berhati-hati bagaimana anda hidup anda, kerana Roh Kudus ada di dalam kamu danboleh berduka. Kita boleh membuat Roh Kudus sedih dengan apa yang kita lakukanatau katakan."

> Jangan bersedih Roh.
> ✋ Gosok mata seperti anda menangis kemudian menggelengkan kepala mengisyaratkan "tidak."

— *Efesus 5:18 - Jangan menjadi mabuk oleh anggur, kerana ia akan merosakkan hidup anda. Sebaliknya, perlu diisi dengan Roh Kudus ... (TLD)*

DIISI DENGAN SEMANGAT

"Alkitab berkata, 'Akan dipenuhi dengan Roh.' Ini bermakna bahawa kita perlu Roh dalam setiap bahagian hidup kita dan setiap bahagian hari.

"Apabila kita menerima Kristus, kita menerima Roh Kudus kita akan ada di bumi. Ia tidak mungkin untuk mendapatkan 'lebih' Roh Kudus. Walau bagaimanapun, ia adalah mustahil untuk Roh Kudus untuk mendapatkan 'lebih' daripada kita! Kami memilih setiap hari berapa banyak kehidupan kita Dia akan mengisi. Arahan ini adalah untuk-Nya untuk mengisi setiap sebahagian daripada kehidupan kita."

> Dipenuhi dengan Roh.
> 🖐 Buat usul yang mengalir dengan kedua-dua tangan daripada kaki anda ke atas kepala anda.

— *1 Tesalonika 5:19 - Jangan menghilangkan Roh; (NASB)*

JANGAN PADAMKAN ROH

"Alkitab berkata, 'Jangan menghilangkan Roh.' Ini bermakna bahawa kita tidak harus cuba untuk menghentikan kerja-Nya dalam kehidupan kami."

- Berjalan di sekeliling dengan Roh Kudus (pasangan anda) dan beritahu kumpulan bahawa Roh Kudus mahu anda untuk menyaksikan salah satu pelajar. Enggan untuk menyaksikan, memberi alasan, dan bergerak di sepanjang jalan anda. Roh Kudus meminta anda untuk berdoa bagi orang yang sakit, tetapi anda menolak, memberialasan, dan ke arah yang berbeza.

"Kita sering menghalang pekerjaan Tuhan dengan memberi alasan dan lakukan-gajaran dan apa yang kita mahu, bukan berikutan Roh Kudus yang terkemuka. Kita bolehmenghilangkan Roh Kudus dengan apa yang kita tidak melakukan atau tidak berkata. Ia seolah-olah kita cuba untuk memadamkan api Roh Kudus dalam hidup kita."

> Jangan menghilangkan Roh.
> Pegang jari telunjuk kanan seperti lilin. Bertindak seolah-olah anda sedang cuba untuk meniup. Goncang kepala anda isyarat "tidak."

Ayat memori

> — John 7:38 - Sesiapa yang percaya kepada-Ku boleh datang dan minum! Untukmengisytiharkan Kitab Suci, "Sungai air hidup akan mengalir dari hatinya." (TLD)

- Semua orang berdiri dan berkata ayat memori sepuluh kali bersama. Enam kalipertama, pelajar menggunakan Alkitab mereka atau nota pelajar. Empat kali terakhir, mereka berkata ayat dari ingatan. Pelajar hendaklah berkata rujukan sebelum setiap kali mereka memetik ayat dan duduk apabila selesai.
- ini akan membantu jurulatih tahu yang telah selesai pengajaran dalam bahagian "Amalan".

Amalan

- Minta pelajar duduk yang dihadapi oleh rakan kongsi doa mereka untuk lerma ses ini. Rakan kongsi mengambil giliran antara satu sama lain mengajar pelajaran.

   "Orang yang tinggal paling jauh dari tempat pertemuan pasangan yang akan menjadi pemimpin."

- Ikut Proses Latihan Jurulatih di muka surat 21.
- Menekankan bagaimana anda mahu mereka mengajar segala-galanya dalam bahagian

   "Kajian" sama dengan cara anda lakukan.

   "Tanya soalan, baca Kitab Suci bersama-sama, dan jawab soalan dengan cara yang sama yang saya lakukan dengan anda."

- Selepas pelajar telah diamalkan melatih antara satu sama lain, meminta mereka untuk mencari rakan kongsi dan amalan yang baru sekali lagi. Tanya pembelajaran untuk berfikir seseorang bahawa mereka akan berkongsi pelajaran ini dengan di luar latihan

   "Ambil sedikit masa untuk berfikir tentang seseorang yang anda boleh mengajar pelajaran ini di luar latihan ini. Tulis nama per bahawa anak, di bahagian atas muka surat pertama pelajaran ini."

Berakhir

Ini merupakan masa yang bermakna kementerian. Jika anda menjalankan kesuntukan masa, anda mungkin meletakkan seksyen ini pada awal pelajaran seterusnya ataumelakukannya masa yang lain. Anda juga boleh menggunakan seksyen ini jika kumpulan anda mahu mempunyai masa kebaktian semasa petang dalam suasana seminar.

Isa Di sini ଔ

> — Ibrani 13:08 - *Yesus Kristus tidak pernah berubah! Beliau adalah semalam yang sama, hari ini, dan selama-lamanya.* (CEV)
>
> — Matius 15:30-31 - *Dan ramai yang besar datang kepada-Nya, membawa bersama mereka orang-orang yang lumpuh, cacat, buta, bisu, dan lain-lain banyak, dan mereka meletakkan mereka pada kaki-Nya; dan Dia menyembuhkan mereka. Jadi orang ramaikagum kerana mereka melihat berbahasa bisu, dipulihkan lumpuh, dan berjalantempang dan buta melihat; dan mereka memuliakan tuhan Israel.* (NASB)
>
> —Yohanes 10:10 - *Pencuri datang hanya untuk mencuri dan membunuh dan membinasakan; Aku datang supaya mereka mempunyai hidup, dan mempunyai penuh.*

"Pada Ibrani 13:08, Alkitab mengatakan bahawa Isa adalah sama kelmarin, hari ini, danselama-lamanya.

"Dalam Matius 15:30, Alkitab mengatakan bahawa Yesus menyembuhkan ramai orang dengan banyak masalah yang berbeza.

"Dalam Yohanes 10:10, Alkitab mengatakan bahawa Syaitan datang untuk membunuh,mencuri, dan memusnahkan, tetapi Yesus datang untuk memberi kita hidup berkelimpahan.

"Malah, kita tahu bahawa Isa adalah di sini dengan kami sekarang. Jika terdapat kawasan di kehidupan yang memerlukan penyembuhan, Dia mahu sembuh sebagaimana Dia lakukan dalam Matius 15. Syaitan mahu membunuh anda dan mencuri daripada anda; Yesus mahu memberi anda kehidupan yang mewah.

"Mungkin anda boleh berkaitan rohani seseorang dalam laluan Mat-ciri khas 15:30.

"Adakah berjalan kaki anda dengan Yesus kuat, atau telah syaitan anda lumpuh?"

✋ Bizkit sekitar.

"Yesus berada di sini. Memohon Allah, dan Dia akan memuaskan anda supaya anda boleh berjalan dengan Tuhan lagi.

"Bolehkah anda lihat di mana Allah sedang bekerja, atau telah Syaitan hapuskan biji mata anda dengan kepatahan?"

✋ Tutup mata anda.

"Yesus berada di sini. Memohon Allah, dan Dia akan memuaskan anda supaya anda boleh melihat di mana Dia bekerja lagi.

"Adakah anda berkongsi berita baik Isa Masih dengan semua orang di sekeliling anda, atau yang anda membisukan?"

✋ Tutup mulut anda.

"Yesus berada di sini. Memohon tuhan, dan Dia akan memuaskan anda supaya anda boleh bercakap tentang Allah dengan keberanian lagi.

"Adakah anda membantu orang lain, atau telah Syaitan menyakitkan anda ke titik yang anda tidak boleh memberi lagi?"

> 🖐 Bawa lengan anda seolah-olah ia terluka dan dalam anduh.

"Yesus berada di sini. Memohon tuhan, dan Dia akan memuaskan anda supaya anda boleh meletakkan masa lalu di belakang anda dan berjalan dengan Tuhan lagi.

"Adakah anda mempunyai beberapa masalah dalam hidup anda yang menjaga anda daripada mengikuti Yesus dengan hati seluruh anda?

"Apa sahaja penderitaan anda, Yesus berada di sini sekarang dan boleh menyembuhkan anda. Menyeru kepada Yesus, marilah Allah menyembuhkan anda, dan membawa kemuliaan yang besar kepada Allah! "

- Tanya rakan kongsi untuk mendoakan antara satu sama lain, meminta Isa untuk menyembuhkan mereka dari apa-apa yang menjaga mereka daripada mengikuti Dia dengan segenap hati mereka.

7

Pergi

Pergi memperkenalkan Isa sebagai pencari: pencari mencari tempat-tempat baru, orang hilang, dan peluang-peluang baru. Bagaimana Yesus memutuskan ke mana hendak pergi dan menteri? Dia tidak melakukan diriNya sendiri, Dia kelihatan untuk melihat di mana Tuhan telah bekerja; Beliau menyertai Tuhan, dan Dia tahu bahawa Allah mengasihi Dia dan akan menunjukkan Nya. Bagaimana kita harus membuat keputusan di mana kepada menteri?–Cara yang sama bahawa Yesus.

Di manakah Tuhan bekerja? Beliau bekerja di kalangan golongan miskin, topi-juan, sakit, dan ditindas. Satu lagi tempat Tuhan bekerja dalam keluarga kami. Dia mahu menyelamatkan seluruh keluarga kami. Pelajar mencari orang dan tempat di mana tuhan bekerja pada Akta 29 Peta.

PUJIAN

- Tanya seseorang berdoa di atas kehadiran dan rahmat tuhan.
- Nyanyi dua lagu atau pujian bersama-sama.

Sembahyang

- Susun pelajar kepada pasangan dengan seseorang yang mereka telah tidak menjadirakan kongsi dengan sebelum.
- Setiap saham pelajar dengan pasangan mereka jawapan kepada soalan-soalan berikut:

    1. Bagaimana kita boleh berdoa untuk orang yang hilang anda tahu diselamatkan?
    2. Bagaimana kita boleh berdoa untuk kumpulan anda melatih?

- Jika rakan kongsi tidak bermula sesiapa latihan, berdoa untuk bermungkinan orang dalamsfera pengaruh mereka boleh mula untuk melatih.
- Pasangan berdoa bersama-sama.

Belajar

Mengkaji

Setiap sesi kajian yang sama. Minta pelajar untuk berdiri dan membaca pelajaransebelumnya belajar. Pastikan yang mereka lakukan gerakan tangan, juga. Mengkajiempat pelajaran.

Adakah Lapan gambar Itu Bantuan kami Ikut Isa?
Askar, Pencari, pengembala, penabur, Anak, Saint, Hamba, Steward

Cinta
Apakah tiga perkara seorang gembala lakukan?
Apakah arahan yang paling penting untuk mengajar orang lain?
Mana datanglah cinta dari?
Apakah Ibadat Mudah?

Mengapa kita perlu Ibadat Mudah?
Berapa ramai orang yang diperlukan untuk mempunyai Ibadat Mudah?

Berdoa

Apakah tiga perkara seorang wali lakukan?
Bagaimana kita harus berdoa?
Bagaimana Tuhan akan menjawab kami?
Apakah nombor telefon tuhan?

Taat

Apakah tiga perkara seorang hamba lakukan?
Siapa yang mempunyai kuasa tertinggi?
Apakah empat arahan Isa telah diberikan kepada setiap mukmin?
Bagaimana kita harus mentaati Isa?
Apakah janji Yesus telah diberikan kepada setiap mukmin?

Berjalan

Apakah tiga perkara anak lakukan?
Apakah sumber kuasa dalam kementerian Isa?
Apakah yang telah orang-orang yang beriman janji Isa tentang Roh Kudus sebelumsalib?
Apakah yang telah orang-orang yang beriman janji Isa tentang Roh Kudus selepaskebangkitan-Nya?
Apakah empat arahan untuk mengikuti tentang Roh Kudus?

Apa Isa Seperti?

— Lukas 19:10 - Untuk Anak Manusia datang untuk mencari dan menyelamatkan yang hilang. (NASB)

"Isa adalah Pencari. Dia mencari kehilangan orang. Beliau juga menuntut Tuhan danTuhan kerajaan pertama dalam kehidupan-Nya."

Pencari

 Lihatlah ke depan dan ke belakang dengan tangan di atas mata.

Apakah Tiga Perkara Pencari lakukan ?

– Mark 1:37, 38 - *Dan apabila mereka mendapati beliau, mereka bekas mendakwa:"Setiap orang adalah mencari untuk anda!" Yesus menjawab, "Marilah kita pergi ketempat lain yang berdekatan kampung-jadi saya boleh mengajar di sana juga . Itulah sebabnya saya datang. "*

1. Pencari suka untuk mencari tempat baru.
2. Pencari suka untuk mencari orang yang hilang.
3. Pencari suka mencari peluang baru.

"Yesus ialah mencari dan kehidupan di dalam diri kita. Seperti yang kita mengikuti-Nya, kita akan menjadi pencari juga."

Bagaimana Isa Memutuskan Di mana Menteri?

– John 05:19, 20 - *Isa memberikan mereka jawapan ini: "Aku katakan ini benar, Anak boleh berbuat apa-apa dengan dirinya, dia boleh melakukan hanya apa yang dia melihat Bapa-Nya melakukan, kerana apa Bapa melakukan Anak juga tidak. Untuk Bapa mengasihi Anak dan menunjukkan kepadanya apa yang dia lakukan. Ya, untuk kekaguman anda, dia akan menunjukkan kepadanya perkara-perkara yang lebih besar daripada ini. "*

"Isa berkata, 'Saya tidak melakukan apa-apa oleh saya sendiri."

✋ Letakkan satu tangan ke atas jantung dan menggelengkan kepala 'tidak'.

"Isa berkata, 'Saya tidak sabar untuk melihat di mana tuhan bekerja."

✋ Letakkan satu tangan ke atas mata; carian kiri dan kanan.

"Isa berkata," Jika Dia bekerja, saya menyertai-Nya. "

✋ Tujukan tangan ke arah tempat yang di hadapan anda dan menggelengkan kepala ya.

"Isa berkata, 'Dan saya tahu Dia mencintai saya dan akan menunjukkan kepada saya."

✋ Angkat tangan ke atas di dalam memuji dan kemudian melintasi mereka lebih jantung anda.

Bagaimana Sepatutnya Kita Tentukan Jika kepada Menteri?

– 1 John 2:05, 6 - Tetapi orang-orang yang taat kepada perkataan Tuhan benar-benarmenunjukkan bagaimana sepenuhnya mereka suka dia. Itulah bagaimana kita tahu kita hidup di dalam dirinya. Mereka yang mengatakan mereka hidup dalam Tuhan harushidup mereka sebagai Isa betul-betul. (TLD)

"Kami memutuskan di mana untuk menteri dengan cara yang sama Isa betul-betul:

"Saya tidak melakukan apa-apa oleh saya sendiri."

✋ Letakkan satu tangan ke atas jantung dan menggelengkan kepala 'tidak'.

"Saya tidak sabar untuk melihat di mana tuhan bekerja."

✋ Letakkan satu tangan ke atas mata; carian kiri dan kanan.

"Jika Dia bekerja, saya menyertai-Nya."

✋ Tujukan tangan ke arah tempat yang di hadapan anda dan menggelengkan kepala ya.

"Dan saya tahu Dia mencintai saya dan akan menunjukkan kepada saya."

✋ Angkat tangan ke atas di dalam memuji dan kemudian melintasi mereka lebih jantung anda.

Bagaimana Kami Boleh Tahu jika Tuhan bekerja?

— John 6:44 - Tiada siapa yang boleh datang kepada Saya kecuali Bapa yang mengutus Aku menarik dia, dan Aku akan membangkitkan dia pada hari terakhir.

"Jika seseorang itu berminat untuk mempelajari lebih lanjut tentang Yesus, maka andatahu Allah bekerja. Yohanes 6:44 mengatakan bahawa hanya tuhan sahaja yang boleh membawa orang kepada-Nya. Kami bertanya soalan, menyemai biji rohani, dan melihatjika ada sambutan. Jika mereka bertindak balas, kita tahu bahawa Tuhan bekerja."

Jika Isa Kerja?

> *- Lukas 04:18-19 - Roh Tuhan adalah di atas saya, kerana dia diurapi saya untukmengabarkan Injil kepada golongan miskin. Beliau telah menghantar saya untuk mengumumkan pembebasan juan topi, dan pemulihan penglihatan kepada orang buta,untuk menetapkan percuma orang-orang yang tertindas, untuk dimenangkan dan tahun yang menggalakkan Tuhan.(NASB)*

1. Golongan miskin
2. Para tawanan
3. Sakit (buta)
4. Yang ditindas

"Isa dimenterikan dan menteri-menteri ini jenis orang. Ia adalah penting untuk diingati, namun, bahawa Dia tidak menteri untuk tiap-tiap orang miskin, atau tiap-tiap orang yangditindas. Dalam usaha kita sendiri, kita mahu membantu semua orang. Yesus memandang untuk melihat di mana Bapa bekerja dan menyertai-Nya. Kita perlumelakukan perkara yang sama. Sekiranya kita cuba untuk menteri kepada tiap-tiap orang yang tertindas, ia adalah tanda pasti kita cuba untuk melakukan semua diri kita."

Di mana Satu lagi Letakkan bahawa Yesus bekerja?

"Adakah anda tahu bahawa Allah mengasihi seluruh ahli keluarga anda? Ia adalah kehendak-Nya bahawa mereka semua ini disimpan dan menghabiskan selama-lamanyabersama-sama dengan Dia. Terdapat banyak contoh dalam Alkitab apabila Tuhan menyelamatkan seisi keluarga:"

setan merasuk manusia-Mark 5

"Lelaki yang dimiliki oleh kerasukan radikal berubah. Dia berhasrat untuk pergi dengan Yesus, tetapi Yesus bertanya kepadanya untuk kembali kepada keluarganya danmemberitahu mereka apa yang telah berlaku.ramai orang di kampung-kampung sekitarnya telah kagum dengan apa yang Yesus telah lakukan.Apabila Tuhan menyelamatkan satu orang, Dia mahu untuk menyelamatkan orang lainyang banyak di sekeliling mereka."

Cornelius-Akta 10

"Tuhan memberitahu Peter pergi bercakap dengan Cornelius. Apabila Peter bercakap,Roh Kudus diisi Cornelius dan semua yang mendengar mesej. Cornelius percaya, dan mereka di sekeliling beliau percaya juga."

Sipir penjara di Philippi-Akta 16

"Paul dan Silas kekal dalam penjara walaupun bumi-gempa bumi menyebabkan pintupenjara untuk membuka. Sipir penjara kagum ini dan percaya kepada Tuhan Yesus.Tuhan menyelamatkan isi rumah bulat-bulat, serta.

"Jangan sekali-kali beri mempercayai dan berdoa bahawa setiap orang dalam keluarga anda akan disimpan dan menghabiskan selama-lamanya bersama-sama!"

Ayat memori

— *John 12:26 - Sesiapa yang ingin menjadi pengikut saya perlu mengikut saya, kerana hamba-hambaKu mestilah*

> *di mana saya. Dan Bapa akan menghormati sesiapa yang berkhidmat saya. (TLD)*

- semua orang berdiri dan berkata ayat memori sepuluh kali bersama. Enam kalipertama, pelajar menggunakan Alkitab mereka atau nota pelajar. Empat kali terakhir, mereka berkata ayat dari ingatan. Pelajar hendaklah berkata rujukan ayat sebelumsetiap kali mereka memetik ayat dan duduk apabila selesai.
- ini akan membantu jurulatih tahu yang telah selesai pengajaran dalam bahagian "Amalan".

AMALAN

- Minta pelajar duduk yang dihadapi oleh rakan kongsi doa mereka untuk sesi ini.Rakan kongsi mengambil giliran antara satu sama lain mengajar pelajaran.

  "Orang dengan adik beradik dan pasangan adalah pemimpin."

- Ikut Proses Latihan Jurulatih pada halaman 21
- Menekankan bahawa anda mahu mereka untuk mengajar segala-galanya dalam bahagian "Kajian" sama dengan cara anda lakukan.

  "Tanya soalan, baca Kitab Suci bersama-sama, dan swer-soalan dengan cara yang sama yang saya lakukan dengan anda."

- Selepas pelajar telah diamalkan melatih antara satu sama lain, meminta mereka untuk mencari rakan kongsi dan amalan yang baru sekali lagi. Tanya belajar-swam untuk berfikir seseorang bahawa mereka akan berkongsi pelajaran ini dengan di luar latihan.

"Ambil sedikit masa untuk berfikir tentang seseorang yang anda boleh mengajarpelajaran ini di luar latihan ini. Tulis nama seseorang, di bahagian atas muka surat pertama pelajaran ini."

BERAKHIR

AKTA 29 PETA - Bahagian 2 ଓ

"Pada Akta 29 Peta, cabutan dan tempat-tempat label di mana Yesus bekerja.Kenal pasti sekurang-kurangnya lima tempat anda pada peta di mana anda tahu Yesus bekerja dan melukis salib di setiap tempat. Label bagaimana Tuhan bekerja di kawasan itu."

8

Saham

Saham memperkenalkan Yesus sebagai Askar: musuh askar berperang, menahankesusahan, dan menetapkan tawanan percuma. Isa adalah seorang askar; apabila kitamengikuti-Nya, kita akan menjadi tentera juga.

Dengan seberapa segera seperti yang kita menyertai Allah di mana Dia bekerja, kita akan berjumpa peperangan rohani. Bagaimana orang-orang yang berimanmengalahkan syaitan? Kami mengalahkan dia dengan kematian Yesus di atas salib,berkongsi testimoni kami, dan tidak takut mati untuk iman kita.

Testimoni berkuasa termasuk berkongsi kisah hidup saya sebelum saya bertemudengan Isa, bagaimana saya bertemu dengan Nabi Isa, dan perbezaan yang berjalandengan Yesus dalam hidup saya. Testimoni adalah lebih berkesan apabila kami menghadkan perkongsian kami kepada tiga atau empat minit, apabila kita tidakberkongsi umur penukaran kami (kerana umur tidak penting), dan apabila kita menggunakan orang-orang kafir bahasa dapat memahami dengan mudah.

Sesi berakhir dengan peraduan: yang paling cepat boleh menulis nama-nama 40 orangyang hilang yang mereka tahu.

Hadiah diberikan untuk tempat pertama, kedua, dan ketiga, tetapi akhirnya semua orang yang mendapat hadiah kerana kita semua "pemenang" apabila kita tahu bagaimana untuk memberikan keterangan kami.

PUJIAN

- Tanya seseorang dan berdoa di atas kehadiran dan rahmat Tuhan.
- Nyanyi dua lagu atau pujian bersama-sama.

SEMBAHYANG

- Susun pelajar kepada pasangan dengan seseorang yang mereka telah tidak menjadirakan kongsi dengan sebelum.
- Setiap saham pelajar dengan pasangan mereka jawapan kepada soalan-soalan berikut:

    1. Bagaimana kita boleh berdoa untuk orang yang hilang anda tahu diselamatkan?
    2. Bagaimana kita boleh berdoa untuk kumpulan anda melatih?

- Jika rakan kongsi tidak bermula sesiapa latihan, berdoa untuk bermungkinan orang dalam sfera pengaruh mereka boleh mula untuk melatih.
- Pasangan berdoa bersama-sama.

Belajar

Mengkaji

Setiap sesi kajian yang sama. Minta pelajar untuk berdiri dan membaca pelajaransebelumnya belajar. Pastikan yang mereka lakukan gerakan tangan, juga. Mengkajiempat pelajaran.

Adakah Lapan gambar Itu Bantuan kami Ikut Isa?
Askar, Pencari, pengembala, penabur, Anak, Saint, Hamba, Steward

Berdoa
Apakah tiga perkara seorang wali lakukan?
Bagaimana kita harus berdoa?
Bagaimana Tuhan akan menjawab kami?
Apakah nombor telefon Allah?

Taat
Apakah tiga perkara seorang hamba lakukan?
Siapa yang mempunyai kuasa tertinggi?
Apakah empat arahan Isa telah diberikan kepada setiap mukmin?
Bagaimana kita harus mentaati Isa?
Apakah janji Yesus telah diberikan kepada setiap mukmin?

Berjalan
Apakah tiga perkara anak lakukan?
Apakah sumber kuasa dalam kementerian Isa?
Apakah yang telah orang-orang yang beriman janji Isa tentang Roh Kudus sebelumsalib?
Apakah yang telah orang-orang yang beriman janji Isa tentang Roh Kudus selepaskebangkitan-Nya?
Apakah empat arahan untuk mengikuti tentang Roh Kudus?

> **Pergi**
> *Apakah tiga perkara pencari lakukan?*
> *Bagaimana Yesus membuat keputusan di mana menteri?*
> *Bagaimana kita harus membuat keputusan di mana kepada menteri?*
> *Bagaimana kita boleh tahu jika Tuhan bekerja?*
> *Jika Isa bekerja?*
> *Di manakah tempat yang lain Yesus bekerja?*

Apa Isa Seperti?

> *— Matius 26:53 - Adakah anda tahu bahawa saya boleh minta kepada Bapa saya, dansegera dia akan menghantar saya lebih daripada dua belas tentera malaikat? (CEV)*

"Isa adalah Askar. Dia boleh memanggil 12 tentera malaikat untuk pembelaan-Nya kerana Dia adalah Amirul Ketua tentera Tuhan. Beliau terlibat Iblis dalam peperangan rohani dan akhirnya mengalahkan yang jahat di atas salib."

> askar
> Meningkatkan pedang.

Apakah adalah Tiga Perkara seorang askar lakukan?

> *— Mark 01:12-15 - Hak dari Roh Allah dibuat Yesus pergi ke padang belantara. Beliau tinggal di sana selama empat puluh hari manakala Syaitan diuji dia. Isa adalah dengan haiwan liar, tetapi malaikat menjaga beliau. Selepas John telah ditangkap, Yesus pergi ke Galilea dan memberitahu berita baik yang datang dari Tuhan. Dia berkata, "Masanya telah tiba! Kerajaan Allah tidak lama lagi akan berada di sini. Berpaling kepada Allah dan mempercayai berita yang baik!" (CEV)*

1. Melawan musuh Askar.

   "Isa berjuang musuh dan menang."

2. Askar menderita kesusahan.

   "Yesus mengalami banyak perkara semasa Beliau adalah di Bumi."

3. Askar menetapkan tawanan percuma.

   "Kerajaan Yesus datang untuk menetapkan orang yang bebas."

"Isa adalah seorang askar. Beliau menyuruh Tuhan tentera dan engag-es syaitan dalam peperangan rohani. Isa telah memenangi kemenangan untuk kita di atas salib. Sebagai Yesus tinggal di kita, kita akan menjadi tentera yang menang juga. Kami akan melawan peperangan rohani, terpaksa menanggung kesempitan untuk Komander kami, dan membantu menetapkan tujuan."

Bagaimana Kita Mengalahkan Syaitan?

- Wahyu 12:11 Dan mereka telah dikalahkan kepadanya oleh darah Anak Domba dan kesaksian mereka. Dan mereka tidak suka kehidupan mereka begitu banyak bahawa mereka takut untuk mati. (TLD)

DARAH ANAK DOMBA

"Kami mengatasi Iblis kerana darah Isa turun di atas salib. Kami adalah lebih daripada penakluk melalui-Nya dan apa yang Dia telah dilakukan."

Darah Anak Domba
 Tujukan kepada kedua-dua tapak tangan anda dengan bahasa pertengahan jari-tanda untuk penyaliban.

"Seperti yang anda menghadapi peperangan rohani, ingatlah bahawa Yesus telah mengalahkan Iblis di atas salib! Syaitan shake, snivels, dan menangis bila-bila masa dia melihat Isa. Dia merayu Isa meninggalkannya seorang diri.

"Berita baik adalah bahawa Yesus hidup di dalam diri kita. Oleh itu, apabila syaitan melihat Yesus di dalam diri kita, syaitan mula goncang dan selesma. Beliau menangis seperti seorang bayi! Syaitan itu adalah musuh yang dikalahkan-menyebabkan apa yang Yesus di atas salib! Jangan lupa ini: tidak kira bagaimana perkara yang sukar, kita akan menang! Kita akan menang! Kita akan menang! "

TESTIMONI

"Kami mengatasi syaitan dengan senjata testimoni berkuasa kita. Tiada siapa boleh membantah dengan testimoni kami apa yang Jesus telah dilakukan dalam kehidupan kami. Kita boleh menggunakan senjata ini pada bila-bila masa dan di mana-mana tempat."

testimoni
 Piala tangan di sekeliling mulut seolah-olah anda bercakap dengan seseorang.

TIDAK TAKUT MATI

"Keabadian kami dengan tuhan adalah selamat. Untuk bersama dengan Dia adalah pertaruhan dibangkit; berada di sini adalah perlu untuk menyebarkan Injil. Kita tidak boleh hilang!"

> Tidak takut kepada mati
> 🖐 Tempat pergelangan tangan bersama-sama, seolah-olah dalam rangkaian.

Apakah Kuasa Testimoni?

KEHIDUPAN SAYA SEBELUM BERTEMU JESUS.

> sebelum
> 🖐 Tujukan sebelah kiri di hadapan anda.

"Terangkan apa hidup anda adalah seperti sebelum anda menjadi orang yang beriman. Jika anda membesar di rumah seorang Kristian, orang-orang kafir merasa menarik untuk mendengar rumah Kristian."

BAGAIMANA SAYA BERTEMU JESUS

> bagaimana
> 🖐 Tuju ke pusat di hadapan anda.

"Jelaskan bagaimana anda datang untuk mempercayai Isa dan mengikuti-Nya."

KEHIDUPAN SAYA SEJAK BERTEMU JESUS

🖐 Belok ke kanan anda dan bergerak tangan ke atas dan ke bawah.

"Terangkan apa yang ia telah menjadi seperti untuk mengikuti Yesus sejak penukaran anda dan apakah hubungan anda dengan dia ertinya kepada anda."

TANYA SATU SOALAN MUDAH.

"Pada akhir testimoni anda, tanya orang itu, 'Adakah anda ingin mendengar lebih lanjut mengenai berikutan Isa?' Ini adalah 'Adakah Tuhan bekerja? Soalan."

🖐 Menuju ke kuil sebagai anda jika anda memikirkan soaln.

"Jika mereka berkata 'ya,' anda tahu bahawa Tuhan bekerja di dalam situasi ini. Tuhan adalah satu-satunya yang menarik orang ke-Nya sendiri. Pada ketika itu, berkongsidengan mereka mengenai berikutan Isa.

"Jika mereka berkata 'tidak' Tuhan bekerja, tetapi mereka tidak bersedia untuk bertindak balas kepada-Nya. Bertanya kepada mereka jika anda boleh berdoa doarestu mereka, berbuat demikian, dan meneruskan perjalanan."

Apakah Beberapa Garis Panduan Penting Untuk Ikut?

MENGHADAKAN TESTIMONI PERMULAAN DARI 3 HINGGA 4 MINIT.

"Terdapat banyak kehilangan orang dalam dunia ini; menghadkan testimoni awal andamembantu untuk melihat yang responsif dan yang tidak. Di atas semua, ikuti terkemukaRoh Kudus. Orang-orang yang beriman baru berasa lebih selesa dengan idea hanya berkongsi tiga atau empat minit dan tidak tiga atau empat jam! "

JANGAN BERITAHU UMUR ANDA APABILA ANDA SUDAH MENJADI BERIMAN

"Umur anda apabila anda memilih untuk menjadi pengikut Yesus tidak penting, tetapi ia boleh menghantar mesej yang salah kepada apabila anda berkongsi testimoni anda. Jika mereka adalah lebih muda daripada anda apabila anda menjadi orang yang beriman, mereka mungkin berfikir mereka boleh menunggu sehingga kemudian. Jika mereka adalah lebih tua daripada anda apabila anda menjadi orang yang beriman, mereka mungkin berfikir mereka telah terlepas peluang mereka. Alkitab mengatakan hari ini adalah hari penyelamatan. Memberitahu umur anda padapenukaran biasanya hanya mengelirukan keadaan. "

JANGAN GUNA BAHASA KRISTIAN

"Selepas orang telah menjadi orang-orang yang beriman walaupun masa yang singkat, mereka mula mengambil bahasa yang umat Kristian yang lain menggunakan.

Frasa, seperti 'dibasuh di dalam darah anak domba' atau 'berjalan di ruang sayap' atau 'Saya bercakap kepada pendakwah,' bunyi seperti bahasa asing untuk orang-orang kafir. Kita gunakan sebagai agama Kristian dalam bahasa yang sedikit yang mungkin, maka orang-orang kita berkongsi testimoni kami dengan dapat memahami Injil jelas yang mungkin."

Ayat memori

— 1 Korintus 15:03, 4 - *Untuk apa yang saya terima saya diluluskan kepada anda sebagai kepentingan pertama: bahawa Kristus mati untuk dosa-dosa kita mengikutKitab Suci, yang dia telah dikebumikan, bahawa dia telah dibangkitkan pada hari ketigamengikut kepada Kitab Suci ...*

- Semuo orang berdiri dan berkata ayat memori sepuluh kali bersama. Enam kalipertama, pelajar menggunakan Alkitab mereka atau nota pelajar. Empat kali terakhir, mereka berkata ayat dari ingatan. Pelajar hendaklah berkata sebutan ayat pada permulaan ayat dan duduk apabila selesai.

AMALAN

- Mengumumkan kepada pelajar yang anda mahu mereka untuk menulis kesaksian mereka dalam notebook mereka menggunakan garis panduan yang anda telah berikan kepada mereka. Memberitahu mereka mereka akan mempunyai 10 minit untuk melakukan ini, dan kemudian anda akan memanggil seseorang dalam kumpulan untuk memberi kesaksian mereka.

- Pada akhir sebanyak 10 minit, minta pelajar untuk meletakkan pena mereka. Beritahu mereka anda akan memanggil seseorang untuk memberi kesaksian mereka kepada kumpulan. Menjeda 1 beberapa saat. Kemudian, mengumumkan bahawa anda akan memberikan testimoni anda kepada kumpulan. Akan ada mengeluh lega!
- Kongsi testimoni anda menggunakan garis dan garis panduan di atas. Pada akhir testimoni anda, pergi melalui talian luar dan garis panduan langkah demi langkah, meminta pelajar jika anda memberi keterangan anda dengan betul.
- Dalam bahagian "Amalan" pelajaran ini, anda akan menggunakan jam tangan mengatur waktu pelajar. Minta pelajar memecah masuk ke dalam berpasangan danberitahu mereka bahawa mereka akan mempunyai tiga minit setiap kali untuk berkongsi kesaksian mereka.

"Orang yang kuat sekali akan menjadi pemimpin, orang yang dulu."

- Masa orang yang pertama dalam pasangan itu dan berkata, "berhenti" di cap tiga minit. Meminta pelajar jika pasangan mereka mengikut garis panduan dan digunakan empat garis panduan bagi yang berkuasa keterangan. Kemudian, minta orang kedua pasangan untuk berkongsi kesaksian mereka selama tiga minit. Sekali lagi, minta belajar-swam bagi mendapatkan maklum balas.
- Apabila kedua-dua pasangan telah berkongsi, pelajar langsung untuk mencari rakan kongsi baru, menentukan siapa yang mempunyai suara yang kuat sekali, dan amalanberkongsi kesaksian mereka sekali lagi. Cuba untuk membahagikan kumpulan kepada pasangan sekurang-kurangnya empat kali.
- Selepas mengajar antara satu sama lain pelajaran, meminta pelajar untuk berfikir seseorang dengan siapa mereka

akan berkongsi pelajaran ini selepas latihan. Telah mereka menulis nama orang yang di bahagian atas muka surat pertama pelajaran.

Garam dan Gula ○&

Gunakan ilustrasi ini semasa satu masa maklum balas kepada empha saiz-betapa pentingnya adalah untuk berkongsi dari hati.

"Segar, buah masak sentiasa sungguh lazat! Ia adalah manis dan mengisi mulut andadengan kegembiraan! Apabila saya berfikir tentang nanas, kuning dan manis, ia membuatkan air liur saya.

"Saya tahu cara anda boleh membuat rasa buah-buahan yang lebih baik, walaupun!Tambah gula sedikit, garam, atau lada cili. Uhhhmmm! Maka ia adalah benar-benar lazat! Saya hanya boleh merasai sekarang!

"Dengan cara yang sama, setiap kali anda mengajar mata pelajaran atau berkongsi Injil,perkataan Allah adalah sentiasa baik, seperti buah-buahan. Kita perlu merasai danmelihat bahawa Tuhan adalah baik. Walau bagaimanapun, apabila anda berkongsi darihati anda dengan emosi, ia adalah seperti menambah gula, garam, atau lada cili buah.Ia menjadikannya terutama lazat!

"Jadi, apabila anda berkongsi dengan pasangan anda masa akan datang ini, saya mahu anda untuk menambah banyak garam, gula atau keluaran lada apa yang kamu katakan."

Berakhir

Siapa Boleh Senaraikan Empat puluh Orang Hilang Terpantas? ଓ

- Minta setiap orang untuk mengambil komputer riba mereka dan nombor dari satu hingga 40.

  "Kami akan mempunyai pertandingan. Kami akan memberi hadiah untuk tempat pertama, kedua, dan ketiga."

- Beritahu semua orang bahawa apabila anda berkata, "Pergi!" Mereka untuk menulis nama-nama 40 orang-orang kafir yang mereka tahu. Jika mereka tidak dapat mengingati nama-nama mereka, mereka boleh menulis sesuatu seperti "gunting rambut" atau "posmen." Pastikan tiada siapa bermula sebelum anda mengatakan pergi.
- Sesetengah akan terdorong untuk memulakan apabila anda memberikan arah. Ia membantu pelajar meningkatkan pen mereka di udara ketika anda sedang member arahan.
- Pelancaran pertandingan ini dan ada orang berdiri apabila mereka telah selesai senarai mereka. Memberi hadiah untuk tempat pertama, kedua, dan ketiga.

  "Terdapat dua sebab orang-orang yang beriman memberikan bahawa mereka tidak boleh berkongsi iman mereka: mereka tidak tahu, dan mereka tidak tahu dengan siapa untuk berkongsi Injil. Dalam pelajaran ini, kami telah menyelesaikan kedua-dua masalah. Kini anda tahu bagaimana untuk berkongsi Injil dan mempunyai senarai orang-orang dengan siapa untuk berkongsi."

- Minta pelajar untuk meletakkan bintang di sebelah lima orang di dalam senarai mereka yang mereka akan berkongsi kesaksian mereka. Menggalakkan mereka untuk berbuat demikian pada minggu seterusnya.

"Lihatlah tangan anda. Jari 5 anda boleh mengingatkan anda lima orang yang hilang yang anda boleh berdoa bagi tiap-tiap hari. Apabila anda membasuh pinggan, menulis atau menaip di komputer, biarkan lima jari di tangan anda mengingatkan anda untuk berdoa."

- Minta pelajar untuk menghabiskan masa berdoa dengan kuat sebagai satu kumpulanuntuk orang-orang yang hilang dalam senarai mereka.
- Selepas waktu solat, semua orang memberikan sekeping gula-gula sebagai hadiah, berkata, "Kami semua pemenang sekarang kerana kami tahu bagaimana untuk berkongsi Injil dan siapa untuk berkongsi di dalam kehidupan kita."

9

Menyemai

Semai memperkenalkan Isa sebagai penabur:benih tumbuhan penabur , cenderung bidang masing-masing, dan bergembira dalam panen raya. Isa adalah penabur dan Dia tinggal di dalam kita, apabila kita mengikuti-Nya, kita akan menabur serta. Apabila kita menyemai sedikit, kita meraih sedikit. Apabila kita menyemai banyak, kita menuai banyak.

Apa yang kita perlu menyemai ke dalam kehidupan manusia? Hanya injil mudah boleh mengubah mereka dan membawa mereka kembali kepada keluarga tuhan. Setelah kita tahu bahawa Tuhan bekerja dalam kehidupan seseorang, kita berkongsi injil mudah dengan mereka. Kami tahu ia adalah kuasa tuhan untuk menyelamatkan mereka.

PUJIAN

- Meminta seseorang berdoa di atas kehadiran dan rahmat Tuhan.
- Nyanyi dua lagu atau pujian bersama-sama.

Sembahyang

- Susun pelajar kepada pasangan dengan seseorang yang mereka telah tidak menjadi rakan kongsi dengan sebelum.
- Setiap saham pelajar dengan pasangan mereka jawapan kepada soalan-soalan berikut:

  1. Bagaimana kita boleh berdoa untuk orang yang hilang anda tahu diselamatkan?
  2. Bagaimana kita boleh berdoa untuk kumpulan anda melatih?

- Jika rakan kongsi tidak bermula sesiapa latihan, berdoa untuk po-tential orang dalamsfera pengaruh mereka boleh mula untuk melatih.
- Pasangan berdoa bersama-sama.

Belajar

Mengkaji

Setiap sesi kajian yang sama. Minta pelajar untuk berdiri dan membaca pelajaransebelumnya belajar. Pastikan yang mereka lakukan gerakan tangan, juga. Mengkajiempat pelajaran.

Adakah Lapan gambar Itu Bantuan kami Ikut Isa?
Askar, pencari, pengembala biri-biri, penabur, Anak, Saint, Hamba, Steward

Taat
Apakah tiga perkara seorang hamba lakukan?
Siapa yang mempunyai kuasa tertinggi?
Apakah empat arahan Isa telah diberikan kepada setiap orang beriman?

Bagaimana kita harus mentaati Isa?
Apakah janji Yesus telah diberikan kepada setiap orang beriman?

Berjalan

Apakah tiga perkara anak lakukan?
Apakah sumber kuasa dalam kementerian Isa?
Apakah yang telah orang-orang yang beriman janji Isa tentang Roh Kudus sebelum salib?
Apakah yang telah orang-orang yang beriman janji Isa tentang Roh Kudus selepaskebangkitan-Nya?
Apakah empat arahan untuk mengikuti tentang Roh Kudus?

Pergi

Apakah tiga perkara pencari lakukan?
Bagaimana Yesus membuat keputusan di mana menteri?
Bagaimana kita harus membuat keputusan di mana kepada menteri?
Bagaimana kita boleh tahu jika Tuhan bekerja?
Jika Isa bekerja?
Di manakah tempat yang lain Yesus bekerja?

Saham

Apakah tiga perkara seorang askar lakukan?
Bagaimana kita mengalahkan syaitan?
Apakah garis kesaksian yang kuat?
Apakah beberapa panduan penting untuk diikuti?

Apa Isa Seperti?

– Matius 13:36, 37 - Kemudian Dia (Isa) meninggalkan orang ramai dan masuk ke dalam rumah dan murid-murid-Nya datang kepada-Nya dan berkata, Dan Beliau berkata, "Jelaskan kepada kami perumpamaan daripada tares medan." "orang yang menuaibenih yang baik adalah Anak Manusia ..." (NASB)

"Isa adalah penabur dan Tuhan musim menuai."

Penabur
 Sebaran benih dengan tangan.

Apakah adalah Tiga Perkara penabur lakukan?

— *Mark 04:26-29 - Lagi Isa berkata: kerajaan tuhan adalah seperti apa yang berlaku apabila seorang petani sebarkan benih dalam bidang. Petani tidur pada waktu malam dan di siang hari. Namun, benih bercambah dan berkembang, dan dia tidak memahami bagaimana. Ia adalah atas alasan bahawa membuat benih bercambah dan tumbuh menjadi tumbuhan yang menghasilkan bijirin. Kemudian apabila musim menuai datang dan bijirin adalah masak, petani itu memotong dengan sabit. (CEV)*

1. Penabur loji benih yang baik.
2. Penabur cenderung bidang mereka.
3. Penabur menjangkakan tuaian

"Isa adalah penabur dan kehidupan di dalam diri kita. Beliau menanam benih yang baik di hati kita, manakala Iblis ingin menanam benih buruk. Benih tumbuhan Isa membawa kepada hidup yang kekal. Apabila kita mengikuti-Nya, kita akan menabur juga. Kami akan menanam benih yang baik Injil. Kita akan cenderung bidang di mana tuhan telah menghantar kami, dan kami akan menjangkakan tuaian yang besar."

Apakah Injil Mudah?

— *Lukas 24:1-7 - Pada hari pertama dalam seminggu, sangat pada awal pagi, wanita telah mengambil rempah yang mereka telah disediakan dan pergi ke kubur itu. Mereka mendapati batu yang bergolek dari kubur itu, tetapi apabila mereka masuk, mereka tidak menemui badan Tuhan Yesus. Manakala mereka tertanya-tanya tentang perkara ini, tiba-tiba dua lelaki dalam pakaian yang gleamed seperti kilat berdiri di sisi mereka. Terperanjat mereka wanita sujud dengan muka mereka ke tanah, tetapi lelaki berkata kepada mereka, "Mengapa anda melihat bagi yang hidup di kalangan orang yang mati? Dia tidak ada di sini, dia telah meningkat! Ingatlah bagaimana katanya kepada kamu, ketika beliau masih dengan anda di Galilea: 'Anak Manusia harus diserahkan ke tangan orang-orang berdosa, akan disalib dan pada hari ketiga Aku akan dibangkitkan semula'"*

PERTAMA ...

"Tuhan mencipta sebuah dunia yang sempurna."

🖐 Buat bulatan besar dengan tangan anda.

"Dia menjadikan manusia sebahagian daripada keluarganya."

🖐 Kancing tangan bersama-sama.

KEDUA ...

"Manusia menderhaka kepada tuhan dan membawa dosa dan penderitaan ke dunia."

🖐 Meningkatkan penumbuk dan berpura-pura untuk berperang.

"Jadi lelaki terpaksa meninggalkan keluarga tuhan."

🖐 tangan Kancing bersama-sama dan kemudian menarik mereka berjauhan.

KETIGA ...

"Tuhan menghantar Anak-Nya Yesus ke bumi. Beliau yang menjalani hidup yangsempurna."

🖐 Meningkatkan tangan di atas kepala dan membuat gerakan ke bawah.

"Yesus mati di atas salib untuk dosa-dosa kita."

🖐 Letakkan jari tengah tangan setiap sawit melainkan pejalan.

"Beliau telah disemadikan."

🖐 Pegang siku tangan kanan dengan tangan kiri dan menggerakkan lengan kananbelakang wad seolah-olah telah dikebumikan.

"Tuhan telah membangkitkan Dia hidup pada hari ketiga."

🖐 Naikkan lengan kembali dengan tiga jari.

"Allah melihat pengorbanan Yesus kerana dosa-dosa kita dan menerima."

🖐 Bawa tangan dengan tapak tangan menghadap keluar. Kemudian, mengangkat lengan anda dan melintasi mereka lebih jantung anda.

KEEMPAT ...

"Mereka yang percaya Yesus adalah Anak Tuhan dan telah membayar harga dosa-dosa mereka ..."

🖐 Meningkatkan tangan untuk satu Nya kamu beriman.

"... Bertaubat dari dosa-dosa mereka ..."

🖐 Tapak tangan keluar melindungi muka; kepala berpaling.

"... Dan minta diselamatkan ..."

🖐 tangan Piala.

"... Adalah dialu-alukan kembali kepada keluarga tuhan."

🖐 Kancing tangan bersama-sama.

"Adakah anda bersedia untuk kembali kepada keluarga Allah? Mari, berdoa bersama. Beritahu Tuhan anda percaya Dia menciptakan sebuah dunia yang sempurna dan menghantar anak-Nya untuk mati untuk dosa-dosa kamu. Bertaubat dari dosa-dosa kamu, dan memohon Allah untuk menerima anda kembali ke keluarga-Nya."

- Penting! Mengambil masa ini untuk memastikan bahawa semua orang yang andamelatih benar-benar orang-orang yang beriman. Memberi mereka peluang untuk memberi tindak balas kepada soalan, "Adakah anda bersedia untuk kembali kepada keluarga Tuhan?"
- Ulang pembentangan Injil yang mudah beberapa kali dengan pelajar sehingga merekamenguasai urutan. Dalam pengalaman kami, kebanyakan orang-orang yang beriman

tidak tahu bagaimana untuk berkongsi kepercayaan mereka, jadi ambil masa anda memastikan semua orang jelas tentang erti Injil mudah.
- Bantuan pelajar menguasai turutan dan gerakan tangan dengan "membina" pelajaran.Bermula dengan titik pertama dan mengulanginya beberapa kali. Kemudian, berkongsititik kedua dan ulangi beberapa kali. Kemudian, mengkaji titik pertama dan titik keduabersama-sama beberapa kali. Selepas itu, berkongsi titik ketiga dan ulangi beberapa kali. Kemudian, dengan titik satu, titik dua dan titik tiga bersama-sama. Akhirnya,mengajar mata pelajar empat dan mengkaji semula beberapa kali. Pelajar harus boleh mengulangi urutan seluruh dengan gerakan tangan beberapa kali untuk menunjukkan penguasaan.

Ayat memori

> – Lukas 8:15 - *Tetapi benih di tanah yang baik berdiri bagi orang-orang yang dengan hati yang mulia dan baik, yang mendengar perkataan, mengekalkan ia, dan oleh hasil berkanjang tanaman .*

- Semua orang berdiri dan berkata ayat memori sepuluh kali bersama. Enam kali pertama, pelajar menggunakan Alkitab mereka atau nota pelajar. Empat kali terakhir, mereka berkata ayat dari ingatan. Pelajar hendaklah berkata rujukan ayat sebelum setiap kali mereka memetik ayat dan duduk apabila selesai.

AMALAN

- BACALAH! Bahagian amalan pelajaran menabur berbeza dari masa amalan yang lain.

- Minta pelajar berdiri menghadap rakan sembahyang mereka. Kedua-dua pelajar perlu mengulangi Injil mudah bersama-sama semasa menjalankan gerakan tangan.
- Apabila penamat pasangan pertama, semua orang perlu mencari rakan kongsi lain, menghadapi setiap kedudukan lain, dan berkata Injil mudah dengan gerakan tangan bersama-sama.
- Setelah selesai pasang, pelajar perlu terus mencari rakan kongsi baru sehingga mereka telah berkata mudah , dengan gerakan tangan, dengan lapan rakan kongsi.
- Apabila pelajar telah selesai dengan pasangan kelapan mereka, meminta semua orang untuk mengatakan Injil mudah dengan gerakan tangan sebagai satu kumpulan. Anda akan kagum bagaimana lebih baik mereka boleh melakukan aktiviti ini selepas mereka telah diamalkan begitu banyak kali!

INGAT MENABUR BENIH KITAB INJIL!

"Ingat, menanam benih Injil! Jika anda tidak menanam benih, tidak ada penuaian. Jika anda menanam hanya benih sahaja, maka anda akan mendapat hasil tuaian yang kecil. Jika anda menanam benih banyak, maka tuhan akan memberkati anda dengan tuaian yang hebat. Apakah jenis tuaian yang yang anda mahu?

"Apabila anda meminta seseorang jika mereka ingin tahu lebih lanjut mengenai berikutan Isa dan mereka berkata 'ya', maka ia adalah masa untuk menanam benih Injil. Allah bekerja dalam kehidupan mereka!

"Tabur Injil benih! Menyemai tiada = ada penuaian. Isa adalah penabur dan Dia sedang mencari untuk tuaian yang besar.

"Ambil sedikit masa untuk berfikir tentang seseorang yang anda boleh mengajar pelajaran ini di luar latihan ini. Tulis nama per bahawa anak, di bahagian atas muka surat pertama pelajaran ini."

BERAKHIR

Di manakah Kisah 29:21? ☙

"Buka dalam Alkitab anda kepada Akta 29:21."

- Pelajar akan mengatakan terdapat hanya 28 bab dalam buku Kisah.

"Alkitab Saya mempunyai Akta 29."

- Mempunyai beberapa pelajar datang ke hadapan, titik akhir Bab 28 dalam Alkitab mereka dan mengatakan mereka telah Akta 29, serta.

"Sekarang 'Kisah 29'. Tuhan merakam apa yang Roh Kudus ini dilakukan melalui kita, dan suatu hari nanti kita akan mampu untuk membacanya. Apa yang anda mahu untuk mengatakan? Apakah visi anda? Peta yang kami telah bekerja pada kami 'Kisah 29 Peta' dan visi untuk apa yang Tuhan mahu lakukan dalam kehidupan kita. Saya ingin berkongsi Kisah saya 29 Wawasan dengan anda."

- Kongsi anda "Akta 29 Wawasan" dengan kumpulan itu. Pastikan untuk memasukkan konsep dua jenis orang: orang-orang kafir dan orang-orang yang beriman. Tuhan mahu kita berkongsi Injil dengan orang tidak berimankereta api orang-orang yang beriman dan bagaimana untuk mengikuti Kristus dan berkongsi iman mereka.

"Kisah kami 29 Peta mewakili salib Yesus telah memanggil kita untuk menjalankan. Sekarang kita mahu untuk memasukkan masa yang suci membentangkan peta kami, berdoa untuk satu sama lain, dan melakukan kehidupan kita untuk mengikuti Yesus."

AKTA PETA 29 - Bahagian 3 ⋐

- Minta pelajar mengelilingi sekurang-kurangnya tiga lokasi yang mungkin bagi kumpulan pengikut baru pada peta mereka. Mereka harus menulis ketua kumpulan mungkin dan keluarga angkat mungkin di sebelah bulatan.
- Jika mereka telah memulakan satu kumpulan, meraikan dan mempunyai mereka meletakkan pada peta. Jika mereka tidak memulakan satu kumpulan lagi, membantu mereka tahu membezakan mana Tuhan bekerja.
- Ini adalah kali terakhir pelajar mempunyai untuk menyediakan peta mereka, sebelum mereka yang hadir mereka. Membenarkan masa tambahan yang diperlukan.

10

Ambil Masa

Ambil masa sesi penutup seminar. Yesus memberikan kita arahan untuk mengambil silang kami dan mengikuti-Nya setiap hari. Kisah 29 Peta adalah gambaran salib bahawa Isa telah dipanggil setiap pelajar untuk menjalankan.

Dalam sesi akhir ini, pelajar yang hadir Akta Peta 29 kepada kumpulan mereka. Setiap selepas pembentangan, kumpulan itu meletakkan tangan pada penyampai dan Kisah 29 Map, berdoa untuk berkat Tuhan dan pengurapan mengenai kementerian mereka. Kumpulan itu kemudiannya mencabar penyampai dengan mengulangi arahan, "Ambil salib anda, dan mengikuti Yesus," tiga kali. Pelajar yang hadir Akta 29 Peta seterusnya sehingga semua telah selesai. Masa latihan berakhir dengan lagu penyembahan komitmen untuk membuat murid-murid dan doa penutup oleh pemimpin kerohanian yang diiktiraf.

Pujian

- Meminta seseorang berdoa di atas kehadiran dan rahmat tuhan.
- Nyanyi dua lagu atau pujian bersama-sama.

Sembahyang

- Tanya seorang pemimpin yang diiktiraf rohani dalam kumpulan untuk berdoa untuk berkat Tuhan pada masa ini khas komitmen.

Kajian

Setiap sesi kajian yang sama. Minta pelajar untuk berdiri dan membaca pelajaran sebelumnya belajar. Pastikan yang mereka lakukan gerakan tangan, juga. Kajian ini termasuk semua sesi.

Adakah Lapan Gambar Itu Bantuan kami Ikut Isa?
Askar, pencari, pengembala, penabur, Anak, Saint, Hamba, Steward

Darab
Apakah tiga perkara pramugara lakukan?
Apakah perintah pertama Allah kepada manusia?
Apakah perintah terakhir Yesus kepada manusia?
Bagaimana saya boleh menjadi berbuah dan berganda?
Apakah dua laut yang terletak di Israel?
Mengapa mereka begitu berbeza?
Mana satu yang anda mahu menjadi seperti?

Cinta
Apakah tiga perkara seorang gembala lakukan?
Apakah arahan yang paling penting untuk mengajar orang lain?

Mana datanglah cinta dari?
Apakah Ibadat Mudah?
Mengapa kita perlu Ibadat Mudah?
Berapa ramai orang yang diperlukan untuk mempunyai Ibadat Mudah?

Berdoa

Apakah tiga perkara seorang wali lakukan?
Bagaimana kita harus berdoa?
Bagaimana Tuhan akan menjawab kami?
Apakah nombor telefon tuhan?

Taat

Apakah tiga perkara seorang hamba lakukan?
Siapa yang mempunyai kuasa tertinggi?
Apakah empat arahan Isa telah diberikan kepada setiap orang beriman?
Bagaimana kita harus mentaati Isa?
Apakah janji Yesus telah diberikan kepada setiap orang beriman?

Berjalan

Apakah tiga perkara anak lakukan?
Apakah sumber kuasa dalam kementerian Isa?
Apakah yang telah orang-orang yang beriman janji Isa tentang Roh Kudus sebelum salib?
Apakah yang telah orang-orang yang beriman janji Isa tentang Roh Kudus selepas kebangkitan-Nya?
Apakah empat arahan untuk mengikuti tentang Roh Kudus?

Pergi

Apakah tiga perkara pencari lakukan?
Bagaimana Yesus membuat keputusan di mana menteri?
Bagaimana kita harus membuat keputusan di mana kepada menteri?
Bagaimana kita boleh tahu di mana tuhan bekerja?
Jika Isa bekerja?
Di manakah tempat yang lain Yesus bekerja?

Saham
Apakah tiga perkara seorang askar lakukan?
Bagaimana kita mengalahkan syaitan?
Apakah garis kesaksian yang kuat?
Apakah beberapa panduan penting untuk diikuti?

menyemai
Apakah tiga perkara penabur lakukan?
Apakah Injil mudah kita berkongsi?

BELAJAR

Adakah Yesus menyuruh Pengikut-Nya melakukan perintah Setiap Hari?

– Lukas 9:23 - Kemudian dia berkata kepada mereka: *"Jika sesiapa yang akan datang selepas aku, dia mesti menafikan dirinya dan mengambil salib itu setiap hari danmengikuti aku."*

"Halang diri anda, mengambil salib anda, mengikuti Yesus."

Adakah Empat Suara Itu Hubungi Kami Ambil Palang kami?

SUARA DIATAS

– Mark 16:15 - Dan kemudian dia memberitahu mereka, *"Pergilah ke seluruh dunia danmengajar Berita Baik kepada semua orang."* (TLD)

"Isa memanggil kami dari Syurga untuk berkongsi Injil. Beliau adalah kuasa tertinggi, dankita perlu taat kepada-Nya semua masa, dengan serta-merta, dan dari hati yang cinta.

"Ini adalah suara dari atas."

> di atas
> Point jari ke arah langit.

SUARA DI BAWAH

> *— Lukas 16:27-28 - "Bapa," katanya, "Saya mohon anda untuk menghantar beliau kerumah kerana ayah saya Saya mempunyai lima adik-untuk memberi amaran kepadamereka, maka mereka tidak akan juga datang ke tempat ini azab. "(HCSB)*

"Yesus memberitahu satu cerita mengenai seorang kaya yang pergi ke neraka. Dalam cerita itu, orang kaya mahu seorang yang miskin yang bernama Lazarus untuk meninggalkan Syurga dan pergi ke bumi untuk memberi amaran kepada saudara-saudara lima orang tentang realiti neraka. Nabi Ibrahim berkata bahawa mereka telah mempunyai amaran yang cukup. Lazarus tidak dapat kembali ke bumi. Kehidupan manusia penuh penderitaanyang telah meninggal dunia dan yang di dalam neraka hubungi kami untuk berkongsi Injil.

"Ini adalah suara dari bawah."

> di bawah
> Tujukan jari ke arah tanah.

SUARA DDI DALAM

> *— 1 Korintus 9:16 - Namun apabila saya mengabarkan Injil, saya tidak boleh berbangga, saya dipaksa untuk mengajar. Kecelakaan besar bagi saya jika saya tidakmengabarkan Injil!*

"Roh Kudus dalam Paul memaksa dia untuk berkongsi Injil. Roh Kudus yang sama memanggil kami untuk mengambil silang kami dan berkongsi Injil.

"Ini adalah suara dari dalam."

> **dalam**
> Tujukan jari ke arah jantung anda.

SUARA DI LUAR

> *Akta 16:09 - Pada malam itu Paul mempunyai visi: Seorang lelaki dari Macedonia di utara Greece berdiri di sana, merayu dengan dia, "Marilah ke Macedonia dan membantu kami!" (TLD)*

"Paul telah merancang untuk pergi ke Asia, tetapi Roh Kudus tidak akan membiarkan beliau pada masa itu. Beliau mempunyai visi bahawa seorang lelaki dari Macedoniatelah merayu kepada dia untuk datang dan menyebarkan berita yang baik. Tidak sampai rakyat dan kumpulan di seluruh dunia memanggil kami untuk mengambil silang kami dan berkongsi Injil.

"Ini adalah suara dari luar."

di luar

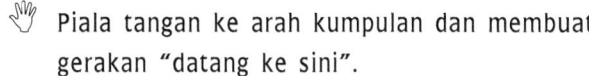 Piala tangan ke arah kumpulan dan membuat gerakan "datang ke sini".

- Mengkaji empat suara dengan gerakan tangan beberapa kali dengan pelajar meminta mereka yang suara, di mana ia datang dari, dan apa yang dikatakannya.

Pembentangan

AKTA 29 PETA ca

- Bahagikan pelajar kepada kumpulan kira-kira lapan orang setiap. Minta seorang pemimpin yang diiktiraf rohani di kalangan peserta dalam FJT untuk mengetuai setiap kumpulan.
- Terangkan masa kementerian proses berikut kepada pelajar.
- Pelajar meletakkan AKTA 29 Peta di tengah-tengah bulatan dan bergilir-gilir membuat penyampaian kepada kumpulan mereka. Selapas itu, kumpulan itu meletakkan tangan pada Peta AKTA 29 dan / atau pelajar dan berdoa untuk kuasa dan rahmat Tuhan kepada mereka.
- Semua orang harus berdoa meminta pada masa yang sama untuk pelajar. Pemimpin yang diiktiraf kumpulan menutup masa sembahyang sebagai Roh itu membawa.
- Pada ketika itu, pelajar bergolek peta, meletakkan atau bahu, dan kumpulan itu berkata, "Ambil salib anda dan ikut Yesus," tiga kali secara serentak. Selepas itu, pelajar seterusnya membentangkan peta mereka dan proses itu bermula lagi.
- Sebelum anda mula, minta pelajar untuk mengulangi, "salib anda, dan mengikuti Yesus," tiga kali, kerana mereka akan berbuat demikian selepas setiap orang telah dibentangkan

peta mereka. Ini akan membantu semua orang memutuskan bagaimana untuk mengatakan frasa secara serentak.

- Apabila semua orang dalam kumpulan yang telah dibentangkan peta mereka, pelajar menyertai kumpulan lain yang belum selesai sehingga semua pelajar dalam satu kumpulan besar yang merangkumi semua pelajar seminar.
- Tamat masa latihan menyanyi lagu dedikasi ibadah yang bermakna kepada pelajar dalam kumpulan.

Bahagian 3

RUJUKAN

Kajian yang lebih lanjut

Berunding dengan sumber-sumber berikut untuk perbincangan yang lebih mendalam topik yang dibentangkan. Di kawasan-kawasan baru kerja misi, ini juga merupakan satu senarai buku pertama untuk menterjemahkan selepas Alkitab.

Billheimer, Paul (1975). Ditakdirkan untuk Arasy. Kesusasteraan Perang Salib Kristian.

Blackaby, Henry T. dan Raja, Claude V (1990). Mengalami Tuhan: Mengetahui danMelakukan semua kehendak tuhan. Lifeway Press.

Cerah, Rang Undang-Undang (1971). Bagaimana untuk Diisi dengan Roh Kudus.Perang Salib kampus untuk Kristus.

Carlton, R. Bruce (2003). Akta 29: Latihan Praktikal di Memudahkan-PergerakanPenanaman Gereja di kalangan Bidang Tuai Terabai. Kairos Press.

Chen, John. Latihan Untuk Jurulatih (T4T). Tidak diterbitkan, tiada tarikh.

Graham, Billy (1978). Roh Kudus: Mengaktifkan Kuasa Tuhan dalam kehidupan anda.Kumpulan Penerbitan W.

Hodges, Herb (2001). TallyHo Fox! Yayasan untuk Membina Dunia Berwawasan, Duniamemberi kesan, Semula pengikut-pengikutnya. Kementerian Kehidupan rohani.

Hybels, Rang Undang-undang (1988). Terlalu Sibuk Tidak Berdoa. Intervarsity Press.

Murray, Andrew (2007). Dengan Kristus di Sekolah sembahyang. Diggory Press.

Ogden, Greg (2003). Transformasi MURID: Membuat murid pada Beberapa Masa. InterVarsity Press.

Pembungkus, J. I (1993). Mengenali tuhan. Intervarsity Press.

Patterson, George dan Scoggins,

Richard (1994). Panduan gereja Pendaraban. WilliamCarey Library.

Piper, John (2006). Apa yang Yesus menuntut dari Dunia. Crossway Book.

Nota Akhir

1. Galen Currah dan George Patterson, Latihan dan Bengkel darab manual (Project World Outreach, 2004), ms 28.

2. Currah dan Patterson, ms 17.

3. Currah dan Patterson, pp 8, 9.

Lampiran A

Nota Penterjemah

Pengarang memberikan kebenaran untuk menterjemahkan bahan ini latihan ke dalam bahasa-bahasa lain sebagai Tuhan mengarahkan. Sila gunakan garis panduan berikut apabila menterjemahkan Ikut bahan Latihan Isa (FJT):

- Kami mengesyorkan orang lain latihan dengan beberapa kali FJT sebelum memulakan kerja-kerja terjemahan. Terjemahan perlu menekankan pengertian dan bukan hanya menjadi literal, atau perkataan-perkataan, terjemahan. Sebagai contoh, jika "Berjalan dengan semangat" diterjemahkan "Hidup kerana Roh" dalam versi Alkitab anda, gunakan "Hidup kerana Roh," dan mengubah suai gerakan tangan yang diperlukan.
- terjemahan seharusnya berada di dalam bahasa yang biasa dan bukan "bahasa agama" orang anda, seperti yang banyak sebagai kemungkinan.
- Gunakan terjemahan Alkitab bahawa kebanyakan orang-orang dalam kumpulan anda akan dapat memahami. Jika terdapat hanya satu terjemahan dan ia adalah sukar untuk difahami, kini terma-terma dalam Kitab Suci yang dipetik untuk membuat mereka lebih jelas.
- Gunakan istilah yang mempunyai erti yang positif bagi setiap lapan gambar Kristus. Kerap, pasukan latihan

mungkin perlu bereksperimen dengan "istilah yang betul" beberapa kali sebelum satu yang betul ditemui.
- Terjemah "Saint" sebagai istilah dalam budaya yang menyampaikan seseorang suci yang ibadat, berdoa, dan memimpin kehidupan moral yang tinggi. Jika perkataan itu digunakan untuk menggambarkan kesucian Yesus bahasa anda adalah sama, ia tidak akan menjadi perlu untuk menggunakan "Suci." Kami menggunakan "Satu Kitab Suci " di sini kerana "Saint" tidak sesuai menggambarkan Isa.
- "Hamba" boleh menjadi sukar untuk diterjemahkan dalam erti kata yang positif, tetapi ia adalah sangat penting bagi anda untuk berbuat demikian. Berhati-hati bahawa istilah yang anda pilih menyampaikan seseorang yang bekerja keras, mempunyai hati yang merendah diri, dan menikmati membantu orang lain. Kebanyakan budaya mempunyai idea "hati hamba."
- Kami membangunkan semua daripada jumlah besar di Asia Tenggara dan secara umumnya sesuai dengan budaya. Merasa bebas untuk menyesuaikan diri mereka kepada Kebudayaan anda, pasti menggunakan barangan dan idea yang biasa kepada orang-orang anda.
- Kami akan senang untuk mendengar tentang kerja anda dan membantu dalam apa-apa cara kita boleh.
- Hubungi kami di translations@FollowJesusTraining.com supaya kita boleh bekerjasama dan melihat lebih ramai orang mengikuti Yesus!

Lampiran B

SOALAN LAZIM

1. Apakah matlamat utama Membuat murid murid Radikal?

Sekumpulan kecil orang-orang yang beriman (yang bermesyuarat bersama untuk ibadah, doa, pengajian Alkitab, dan tahan setiap bertanggungjawab lain untuk mengikut perintah Yesus) adalah blok binaan asas mana-mana gereja yang sihat atau pergerakan berpanjangan. Matlamat kami adalah untuk memberi kuasa kepada orang ramai untuk mengikuti strategi Isa 'untuk sampai ke dunia dengan melatih mereka untuk melakukan tiga langkah pertama dalam strategi-Nya: menjadi kuat dalam Tuhan, berkongsi Injil, dan membuat murid-murid. Pendakwah adalah beberapa kali pemangkin, tetapi tidak pernah fokus pergerakan pengikut-membuat-pengikut.

Dari pengalaman kami, kebanyakan orang-orang yang beriman telah tidak mengalami jenis mengubah masyarakat bahawa sekumpulan pengikut mencipta. Dalam gerakan pengikut-membuat-pengikut, pengikut keluarga antara satu sama lain semasa beribadah keluarga; pengikut gereja ahli-ahli mereka dalam kumpulan murid dan kelas Sekolah Minggu; kumpulan sel melatih ahli-ahli mereka bagaimana untuk satu sama lain pengikut; dan tumbuhan gereja baru sering bermula sebagai kumpulan pengikut kecil . Dalam gerakan, kumpulan pengikut mana-mana sahaja dan di mana-mana sahaja.

2. Apakah perbezaan antara latihan dan mengajar?

Akauntabiliti. Mengajar menyihatkan minda. Latihan suapan tangan dan jantung. Dalam suasana pengajaran, guru bercakap banyak dan pelajar bertanya beberapa soalan. Dalam suasana latihan, pelajar bercakap banyak dan guru bertanya beberapa soalan. Selepas sesi pengajaran, soalan biasa "Adakah mereka suka?" Atau "Adakah mereka." Selepas sesi latihan, soalan utama "Adakah mereka akan melakukannya?"

3. Apakah yang perlu saya lakukan jika saya tidak boleh menghabiskan pelajaran dalam masa yang dinyatakan?

Proses latihan adalah sangat penting di FJT. Mengajar pelajar bukan sahaja kandungan, tetapi bagaimana untuk melatih orang lain juga. Membahagikan bahagian "Kajian" pada separuh jika anda tidak mempunyai masa untuk melengkapkan pelajaran keseluruhannya dalam satu sesi. Adalah lebih baik untuk mengekalkan proses latihan dan berpecah pelajaran kepada dua bahagian daripada meninggalkan sebahagian daripada proses latihan.

Godaan yang biasa ialah langkau akauntabiliti dan latihan, sekaligus menjadikan bahan lebih seperti belajar Alkitab tradisional. Walau bagaimanapun, kunci untuk pendaraban akauntabiliti dan amalan. Jangan skip ini! Sebaliknya, bahagikan seksyen "Kajian" lebih dua kali mesyuarat dan memastikan proses latihan yang utuh.

4. Bolehkah anda memberi saya beberapa idea tentang bagaimana untuk memulakan?

Mulakan dengan diri sendiri. Anda tidak boleh memberi apa yang anda tidak mempunyai. Belajar pelajaran dan memohon mereka hidup anda pada setiap hari. Jangan membuat kesilapan yang sangat meluas pemikiran anda perlu untuk mencapai tahap ada sebelum anda mula lain latihan. Ia juga benar bahawa anda tidak boleh mempunyai apa yang anda tidak memberi. Jika anda adalah orang yang beriman, Roh Kudus ada di dalam kamu dan dengan itu menjamin anda telah mencapai tahap yang diperlukan untuk memulakan lain latihan.

Walaupun ia adalah benar bahawa anda tidak boleh mengajar apa yang anda tidak belajar, ia adalah juga benar bahawa anda tidak boleh belajar apa yang anda tidak diajar. Lakukan sahaja. Keluar dan melatih orang lain dengan meninggalkan jumlah. Apabila anda menyertai tuhan di mana Dia bekerja, akan ada banyak peluang untuk melatih orang lain. Melatih lima orang dengan keamatan yang sama yang anda akan melatih 50 orang dan sebaliknya. Menyemai sedikit; meraih sedikit. Menyemai banyak; meraih banyak. Tuaian anda akan melihat paling kerap dalam perkadaran langsung kepada komitmen anda untuk melatih orang lain.

5. Apakah "Peraturan 5?"

Pelajar perlu mengamalkan pengajaran lima kali sebelum mereka mempunyai keyakinan yang diperlukan untuk melatih orang lain. Kali pertama, pelajar berkata, "Itu adalah satu pengajaran yang baik. Terima kasih." Kali kedua (selepas mereka telah diajar pelajaran), mereka akan berkata," Saya rasa mungkin saya boleh mengajar pelajaran ini, tetapi saya tidak pasti. "Kali ketiga, pelajar berkata," Pengajaran ini tidak susah untuk mengajar seperti yang saya fikirkan. Mungkin saya boleh melakukannya selepas semua."

Kali keempat, pelajar berkata, "Saya dapat melihat betapa pentingnya pelajaran ini dan saya mahu mengajar orang lain. Ia semakin mudah setiap kali. "Kali kelima, pelajar berkata," Saya boleh melatih orang lain untuk melatih orang lain bagaimana untuk melakukan pelajaran ini. Saya yakin Tuhan akan menggunakan pelajaran ini untuk mengubah kehidupan kawan-kawan dan keluarga saya. "

Mengamalkan pengajaran termasuk sama ada "melihat" atau "lakukan." Atas sebab itu, kami cadangkan melakukan amalan masa dua kali. Pelajar hendaklah mengamalkan sekali dengan pasangan sembahyang mereka dan kemudian beralih kepada rakan kongsi lain dan melakukan pelajaran sekali lagi.

6. Mengapa anda menggunakan pergerakan tangan yang begitu banyak?

Ia mungkin kelihatan kebudak-budakan pada mulanya, tetapi kebanyakan orang tidak lama lagi menyedari bahawa ia membantu mereka menghafal bahan lebih cepat. Menggunakan gerakan tangan membantu mereka yang mempunyai kinestetik dan gaya pembelajaran visual.

Berhati-hati dengan gerakan tangan, namun! Semak adat tempatan mereka anda adalah latihan dan membuat tidak pasti usul tangan rasa miskin atau maksud sesuatu yang berbeza daripada apa yang anda bercadang. Kami diuji di lapangan gerakan tangan di dalam buku panduan ini, dalam beberapa negara-negara Asia Tenggara, tetapi memeriksa terlebih dahulu masih idea yang baik.

Jangan terkejut jika doktor, peguam, dan lain-lain pelajar yang lebih berpendidikan memang seronok belajar dan melakukan pergerakan tangan. Satu komen yang kita dengar sering "Akhirnya! Berikut adalah pengajaran saya boleh mengajar orang lain dan mereka akan memahami dan melakukannya. "

7. Mengapa pelajaran yang begitu mudah?

Isa dilatih dalam cara yang mudah, dapat dilupakan. Kami menggunakan contoh hidup sebenar (jumlah besar) dan cerita-cerita kerana itu adalah apa yang Isa betul-betul. Kami percaya satu pengajaran yang benar-benar disalin hanya jika ia boleh lulus "ujian lampin." (Pelajaran Boleh ditulis pada lampin lebih hidangan santai dan akan segera diterbitkan semula oleh pelajar?) Pelajaran di FJT "mengajar diri mereka sendiri" dan bergantung Roh Kudus untuk menanam benih yang baik. Kesederhanaan adalah faktor utama dalam kebolehulangan.

8. Beberapa kesalahan biasa orang membuat apabila mereka melatih yang lain?

- Mereka Langkau Aspek Kebertanggungjawaban Latihan: mesyuarat kumpulan kecil yang tipikal terdiri daripada ibadat, doa, dan belajar Alkitab. Latihan termasuk ketiga-tiga, tetapi menambah akauntabiliti dengan masa "amalan". Kebanyakan orang percaya mereka tidak boleh memegang lain bertanggungjawab dalam cara yang penyayang, jadi mereka skip bahagian ini. Walau bagaimanapun, dengan menetapkan satu contoh dan bertanya soalan yang bukan-pertimbangan, satu kumpulan boleh memegang bertanggungjawab antara satu sama lain dan lihat pertumbuhan rohani yang penting.
- Mereka Fokus Pada Beberapa dan Tidak yang Banyak: Idea murid murid satu-satu yang baik dalam teori, tetapi jatuh pendek dalam amalan. Norma Bible seolah-olah akan membuat murid dalam suasana yangberkumpulan. Isa menghabiskan masa yang paling dengan Peter, James dan John. Sekumpulan lelaki menemani

Peter membuat murid beliau dan membantu di dalam gereja di Yerusalem. Surat Paulus penuh dengan senarai kumpulan orang-orang beliau "kemuridan".

Sebenarnya, hanya kira-kira 15-20 peratus daripada orang yang anda melatih akan menjadi jurulatih sendiri. Jangan berkecil hati tentang hakikat ini. Walaupun dengan peratusan ini, tuhanakan membawa pergerakan pengikut membuat jika kita setia kepada secara umumnya membuang benih Injil.

- Mereka bercakap terlalu banyak: dalam sesi 90 minit yang tipikal, pelatih boleh bercakap kepada kumpulan sebanyak tiga puluh minit. Pelajar menghabiskan kebanyakan masa dalam sesi latihan dalam ibadah bersama, solat, perkongsian, dan amalan. Ramai daripada kejatuhan latar belakang pendidikan barat ke dalam perangkap menterbalikkan ini perintah masa.
- Adakah Mereka melatih pada jalan Bukan Semula: kunci kepada pergerakan pengikut membuat kebolehulangan. Hasilnya, orang yang paling penting yang anda melatih tidak walaupun di dalam bilik mereka ketiga, keempat, dan 5 generasi murid-murid melatih murid-murid lain

Satu soalan yang membimbing mesti menjadi "murid-murid dalam generasi-ing berikut akan dapat untuk menyalin dengan tepat apa yang saya lakukan dan serahkan kepada orang lain?" Apakah yang akan berlaku jika generasi keempat orang-orang yang beriman dikongsi, menyampaikan, memudahkan, dan membawa bahan-bahan yang sama untuk sesi mereka bahawa anda? Jika mereka boleh mengikuti anda dengan mudah, ia adalah tepat. Jika mereka perlu menyesuaikan diri, ia tidak diulang.

9. Apa yang perlu saya lakukan jika tidak ada orang-orang yang beriman dalam kumpulan orang tidak sampai kepada saya (LMN)?

- Belajar bahan FJT dan mula discipling dan saksi-ing kepada mereka dalam LMN anda. Mengikuti Isa Latihan memberikan pencari gambar yang baik yang Isa dan apa ertinya menjadi seorang Kristian. Di Asia Tenggara, kita sering pengikut rakyat dan kemudian menginjil mereka. FJT memberikan anda satu cara yang tidak mengancam untuk melakukan ini.
- Cari orang-orang yang beriman dalam orang-orang yang mempunyai hubungan rapat dengan kumpulan-kumpulan yang mempunyai persamaan dengan kumpulan yang anda cuba untuk mencapai ekonomi, politik, geografi, dan tural jalan mati. Melatih mereka dengan bahan FJT, pemutus visi untuk mencapai rakan-rakan mereka dalam kumpulan orang bersebelahan.
- Lawati Seminar dan Sekolah Alkitab untuk mengenal pasti orang-orang dari LMN anda.
- Selalunya Tuhan telah dibangunkan pemimpin (kita tidak menyedari mereka). Mencari orang-orang yang mempunyai seorang ibu atau bapa dari LMN anda. Banyak kali pemimpin-pemimpin ini mempunyai beban untuk LMN, tetapi pengalaman yang sedikit dalam cara untuk mencapai mereka.

10. Apakah langkah pertama untuk murid-murid baru kerana me reka mula melatih murid-murid baru?

Menggalakkan pelajar untuk mengikuti format Ibadat Mudah yang mereka telah diamalkan. Kumpulan memuji bersama-sama dan kemudian berdoa bersama-sama. Dalam bahagian "Kajian", mereka mengajar setiap satu lagi pengajaran daripada FJT atau memberitahu cerita Alkitab dengan tiga soalan permohonan.

Dalam bahagian "Amalan", mereka mengajar mata pelajaran antara satu sama lain lagi. Pelajar mengamalkan format Ibadat Mudah sembilan kali dalam seminar itu dan mempunyai keyakinan untuk memulakan satu kumpulan murid apabila mereka keluar.

11. Apakah beberapa tempat yang berbeza bahawa jurulatih telah menggunakan bahan-bahan ini?

Jurulatih telah digunakan FJT berjaya dalam cara-cara berikut:

- Menetapkan-Seminar nombor terbaik untuk melatih dalam suasana seminar adalah 24-30 pelajar. Seminar tersebut berlangsung dari dua setengah hingga tiga hari, bergantung kepada tahap pendidikan pelajar.
- Sesyen-Mingguan nombor terbaik untuk melatih dalam suasana mingguan 10-12 pelajar. Kali amalan tambahan bagi Ibadat Mudah membuat kitaran latihan 12 minggu. Kebiasaannya, sesi di rumah seseorang atau dalam sebuah gereja. Sesetengah jurulatih memimpin kumpulan dwi-mingguan dengan ing memahami bahawa orang-orang yang mereka adalah latihan akan melatih orang lain pada minggu off. Pendekatan ini telah didapati dengan pesat mempercepatkan pergerakan gereja penanaman.
- Sekolah Minggu Kelas Bilangan terbaik untuk melatih dalam tetapan Sekolah Ahad 8 hingga 12 pelajar. Kerana panjang proses latihan, "Kajian" sebahagian dari setiap pelajaran biasanya berpecah pada separuh dan mengajar lebih 2 hari. Ibadat mudah boleh menjadi tumpuan setiap kali, jadi latihan selama 20 minggu.

- Seminar atau Kelas Bible-Jurulatih telah digunakan FJT dalam masa satu minggu intensif melengkapkan dan / atau pada setiap minggu semasa kelas penginjilan atau megajar murid murid.
- Kumpulan- Persidangan besar sehingga kepada 100 pelajar boleh dilatih dalam murid murid Asas FJT jika perantis tambahan membantu jurulatih utama dengan kumpulan-kumpulan dan dengan logistik orang ramai.
- Khotbah-Selepas menamatkan FJT, pastor sering mengajar gereja mereka pengajaran. Ini membina minat dan momentum bagi orang-orang yang lain latihan untuk mengikuti Yesus. Walau bagaimanapun, godaan adalah untuk "mengajar" bahan FJT dan tidak orang "kereta api" dengannya. Pastor mesti berwaspada terhadap bahaya ini apabila mereka menggunakan pelajaran dalam khutbah. Pastor harus menggunakan pelajaran sebagai satu cara untuk memberi kuasa kepada tenaga pengajar untuk melatih orang lain dalam jemaah.
- Ceramah mubaligh-pendakwah boleh berkongsi dengan penyokong mereka bagaimana mereka melatih rakyat dengan cara yang praktikal. Penyokong sering menyatakan bagaimana teruja mereka adalah untuk belajar bagaimana untuk mengikutiYesus dengan cara yang mudah dan bagaimana mubaligh melakukan kerja di bidang.
- Kejurulatihan Beberapa bahagian guna tenaga pengajar pengajaran untuk melatihpemimpin di saat-saat boleh diajar. Sejak FJT holistik (setiap bahagian menguatkan dan menerangkan bahagian-bahagian lain), pelatih boleh bermula pada mana-mana titik dalam latihan dan diberi jaminan mereka memberikan gambaran penuh berikutanKristus.

12. Apa yang perlu saya lakukan jika orang yang tidak kenal huruf atau separa celik menghadiri sesi latihan?

Ah, cerita yang kita boleh berkongsi tentang subjek ini! Satu akan perlu lakukan. Kita ingat dan acara latihan di Thailand yang terdiri daripada wanita dari suku kaum bukit utara. Dalam budaya mereka, wanita adalah dilarang borang belajar bagaimana untuk membaca atau menulis sehingga mereka menjadi seorang remaja. Sudah tentu, ini bermakna yang paling tidak pernah belajar.

Biasanya dalam suasana latihan, wanita akan duduk diam dan mendengar manakalaulama. Walau bagaimanapun, dengan latihan pendekatan latihan ikut Isa, semua wanita mengambil bahagian dalam latihan dalam tempoh tiga hari. Kami bertanya pada seorang pembaca untuk membaca Kitab Suci kuat (bukan seluruh kumpulan membaca dengan kuat bersama) dan dibahagikan wanita ke dalam kumpulan lima atau enam(bukan pasangan) untuk masa latihan. Air mata mengalir bebas banyak kali orang-orangtiga hari sebagai wanita berkata, "Sekarang kita telah belajar sesuatu yang boleh kita berikan kepada orang lain."

Lampiran C

Senarai semak

Sebelum Latihan ...

- Dapatkan pertolongan Doa Pasukan- Dapatkan pertolongan pasukan solat dua belas orang untuk memberi syafaat untuk latihan, sebelum dan semasa minggu latihan. Ini adalah sangat penting!
- Dapatkan pertolongan Perantis-Dapatkan pertolongan perantis untuk pasukan-mengajar dengan anda, seseorang yang sebelum ini telah dihadiri FJT:Membuat murid murid Radikal.
- Jemputan Peserta- Jemput peserta dalam cara budaya sensitif. Ini mungkin termasuk menghantar surat,jemputan, dll . Saiz terbaik untuk Membuat latihan murid murid Radikal tetapan seminar 24-30 pelajar. Jika anda telah perantis beberapa membantu anda, anda boleh melatih sehingga kepada 100 pelajar. Membuat latihan murid murid Radikal juga boleh dilakukan dengan berkesan secara mingguan dengan sekumpulan tiga atau lebih pelajar.
- Sahkan Logistik-Susun perumahan, makanan, dan transportation bagi pelajar seperti yang diperlukan.
- Mengunci Tempat Mesyuarat-Susun bilik mesyuarat dengan dua jadual untuk bekalandi belakang bilik, kerusi ar-adalah

dalam bulatan untuk pelajar dan banyak ruang untuk aktiviti pembelajaran semasa latihan. Jika ia adalah lebih Rangka kerja-yang bersesuaian, mengatur untuk tikar di atas lantai bukan kerusi. Merancang untuk menyediakan dua kali rehat setiap hari dengan kopi, teh, dan makanan ringan.

- Kumpul Latihan Bahan-Kumpul Alkitab, papan putih / penjual daging dan penanda kertas, nota pelajar, nota pemimpin, kertas poster putih untuk setiap pelajar untuk akta peta 29 senaman, penanda berwarna atau krayon, buku nota (sepertiyang digunakan oleh pelajar di sekolah), pen, dan pensel.
- Ibadat Susun Masa.. Gunakan lembaran lagu atau sebuah buku korus bagi setiap peserta. Cari seseorang dalam kumpulan yang bermain gitar dan meminta beliau / dia untuk membantu anda (jika boleh). Tajuk setiap pelajaran akan mencadangkan topik untuk pemilihan lagu dalam sesi itu.
- Kumpulkan Bahan pembelajaran yang mengaktifkan -Kumpulkan belon, botol air, dan hadiah pertandingan.

Semasa Latihan ...

- Fleksibel-Pastikan jadual, tetapi cukup fleksibel untuk menyertai tuhan dalam apa yang Dia lakukan dalam kehidupan pelajar.
- Tekanan Amalan dan Kebertanggungjawaban. Pastikan pelajar amalan mengajarantara satu sama lain pelajaran selepas anda mengajar mereka! Tanpa latihan, pelajartidak akan mempunyai keyakinan untuk melatih orang lain. Adalah lebih baik untukmemendekkan pelajaran daripada memotong keluar masa amalan. Amalan dan akauntabiliti adalah kunci untuk pendaraban.
- Libatkan Semua orang dalam Kepimpinan Minta orang yang berlainan untuk berdoa pada akhir setiap sesi. Menjelang akhir latihan, semua orang sepatutnya ditutup

di dalam solat sekurang-kurangnya satu-satu masa. Pelajar perlu bergilir-gilir mengetuai satu bahagian Ibadat mudah penuh penderitaan dalam masa kumpulan kecil.
- Memperkasakan dan Mengiktiraf peserta Hadiah- Memperkasakan Setiap Pelajar untuk menggunakan hadiah mereka semasa latihan.
- Mendapatkan pelajar untuk menggunakan bakat mereka dalam seminar itu: lagu, hospitaliti, solat, pengajaran, jenaka, perkhidmatan, dll.
- Mengulang kaji, Mengkaji, Menyemak- Jangan langkau bahagian kajian pada permulaan setiap sesi. Menjelang akhir seminar, setiap pelajar harus dapat menghasilkan semula semua soalan, jawapan, dan gerakan tangan. Mengingatkan pelajar untuk melatih satu sama lain cara yang anda melatih mereka. Mereka perlu dilakukan seksyen kajian dengan orang yang mereka berlatih setiap kali, serta.
- Sediakan untuk Penilaian-Ambil nota semasa sesi setiap tentang aspek latihan bahawa pelajar tidak lakukan di bawah pendirian atau soalan mereka mungkin meminta anda. Nota ini akan membantu anda dan perantis anda dalam masa penilaian selepas itu.
- Tidak Langkau Ibadat Mudah- Ibadat masa ringkas adalah merupakan sebahagian daripada proses latihan. Sebagai pelajar berasa selesa mengetuai masa Ibadat Mudah, mereka akan bertambah yakin untuk memulakan satu kumpulan selepas latihan.

Selepas Latihan ...

- Menilai Setiap Aspek Latihan dengan masa tukang perantis -Belanja mengkaji semula dan menilai masa latihan dengan perantis anda. Buat senarai positif dan negatif. Membuat rancangan untuk meningkatkan latihan masa depan anda mengajar.

- Berhubungan dengan Perantis Potensi mengenai Membantu Dalam Masa Depan Latihan-Hubung dua atau tiga pelajar yang telah menunjukkan potensi kepimpinan semasa latihan untuk membantu anda dengan suatu murid. Membuat latihan radikal pada masa akan datang.
- Menggalakkan peserta latihan bawa kawan semasa latihan seterusnya -Menggalakkan kembali bersama-sama dengan rakan kongsi masa depan mereka hadiri. Ini adalah cara berkesan mempercepatkan bilangan tenaga pengajar yang lain latihan.

JADUAL

Gunakan panduan ini untuk memudahkan seminar tiga hari atau 12-minggu program latihan. Setiap sesi dalam kedua-dua jadual mengambil masa kira-kira satu setengah jam dan menggunakan Proses Latihan Jurulatih pada halaman 21.

Latihan Asas Murid Murid-3 Hari

	Hari 1	Hari 2	Hari 3
8:30	Ibadat Mudah	Ibadah mudah	Ibadah mudah
9:00	Alu aluan	Taat	Penaburan
10:15	*Rehat*	*Rehat*	*Rehat*
10:30	Pendaraban	Berjalan	Ikutan
12:00	Makan Tengah hari	Makan Tengah Hari	Makan tengah hari
13:00	Ibadah Mudah	Ibadah Mudah	Ibadah Mudah
13:30	Cinta	Pergi	Ambil masa
15:00	*Rehat*	*Rehat*	
15:30	Berdoa	Saham	
17:00	Makan Malam	Makan Malam	

Latihan Asas Murid Murid-Mingguan

Minggu 1	Alu aluan Ibadah mudah	Minggu 7	Jalan
Minggu 2	Pendaraban	Minggu 8	Ibadah Mudah
Minggu 3	Cinta	Minggu9	Pergi
Minggu 4	Ibadah Mudah	Minggu10	Saham
Minggu 5	Berdoa	Minggu 11	Ikut
Minggu 6	Taat	Minggu 12	Ambil masa

www.ingramcontent.com/pod-product-compliance
Lightning Source LLC
Chambersburg PA
CBHW071456040426
42444CB00008B/1369